AF204489

Deutschbuch

Differenzierende Ausgabe

Arbeitsheft 10

Arbeitstechniken
Texte schreiben
Texte verstehen
Grammatik
Rechtschreibung
Lernstandstest

Herausgegeben von
Markus Langner und
Andrea Wagener

Erarbeitet von
Friedrich Dick,
Agnes Fulde,
Marianna Lichtenstein,
Norbert Pabelick

Name: _____

Klasse: _____

Autoren- und Quellenverzeichnis
S. 5: Annika Sartor: Ohne uns! Wie Roboterautos fahren lernen. Auszug aus: GEOlino Extra 52/2015: Roboter, S. 75 ff. – **S. 10:** Tägliche Mediennutzungsdauer in Deutschland 2015. Nach: © Statista.com – **S. 23:** Die Zukunft von Wearables hängt am Handgelenk. Nach: Statista.com – **S. 24:** Joachim Gauck: Zu den Folgen der Anschläge von Paris. Rede des Bundespräsidenten zum Neujahrsempfang im Schloss Bellevue, (Berlin, 9. Januar 2015). Aus: www.bundespraesident.de/Shared-Docs/Reden/DE/Joachim-Gauck/Reden/2015/01/150109-Pressestatement-Frankreich.html [16.09.2016] – **S. 27:** Charlotte Dreßen: Begegnung auf Augenhöhe. Aus: Auf Augenhöhe; Mal anders gesehen. Hg. v. Signatur e.V. 2009, S. 67–70 – **S. 32:** Bertolt Brecht: Mutter Courage und ihre Kinder. Eine Chronik aus dem Dreißigjährigen Krieg. Aus: Gesammelte Werk 4, Stücke 4. Hg. v. Suhrkamp Verlag in Zusammenarbeit mit Elisabeth Hauptmann. Suhrkamp, Frankfurt a.M. 1967, S. 1357–1360 – **S. 36:** Mascha Kaléko: Emigranten-Monolog. Aus: Mascha Kaléko: Mein Lied geht weiter. Hundert Gedichte. Ausgewählt und hg. v. Gisela Zoch-Westphal. München, Deutscher Taschenbuchverlag 2007, S. 67 – **S. 70:** Die Speed Sisters – der Traum von Freiheit. Frei nach: Marlene Hauser: „Wenn ich fahre, bin ich frei". Aus: film.fluter.de/de/604/film/13401/ – **S. 85:** Philippe Petite erzählt .../ Ich habe verfolgt ... Je nach: Ulrike von Bülow: Er balancierte zwischen dem World Trade Center. Aus: www.stern.de/kultur/film/dokumentarfilm-man-on-wire-er-balancierte-zwischen-dem-world-trade-center-652438.html [16.09.2016] – **S 87:** Im August 1974 kam ... Nach: Klaus Brinkbäumer: Exzentriker: Bankraub im Himmel. Aus: www.spiegel.de/spiegel/a-602702.html [16.09.2016] – **S. 88:** Nadja Einzmann: Narzissen für den Tag. Aus: Da kann ich nicht nein sagen. Fischer, Frankfurt a.M. 2001, S. 33 – **S. 90:** Wenn Männer nur noch schweigen. Aus: www.welt.de/wissenschaft/article1669275/Wenn-Maenner-nur-noch-schweigen.html [16.09.2016] – **S. 92:** Gesprächsverhalten von Männern und Frauen. Aus: www.selfmade.de/ratgeber/weibliche-chefs-sind-anders-wirklich [16.09.2016] – **S. 93:** Dirk Eilert: Das sagt die Körpersprache der Mächtigen. Aus: www.mimikresonanz.com/download/wirtschaftswoche20141028.pdf [16.09.2016] – **S. 93:** Birgit Schönberger: Körpersprache. Aus: issuu.com/psychologieheute/docs/leseprobe-psh_04_2014/5 [16.09.2016] – **S. 93:** Einfluss der nonverbalen Kommunikation auf die Glaubwürdigkeit. Aus: http://images.google.de/imgres?imgurl=http%3A%2F%2F1.bp.blogspot.com%2F-IrVJcmhg 0c4%2FUudKcHvLKyI%2FAAAAAAAAANc%2FTQq3LT4mSX4%2Fs1600%2FAnteil%2Bder%2BAusdrucksformen%2Ban%2Bder%2BGesamtwirkung%2Bder%2BKommunikation.jpg&imgrefurl=http%3A%2F%2Fmanfredlobstein.blogspot.com%2F2014_01_01_archive.html&h=792&w=1600&tbnid=awPi4LBjfNVEVM%3A&docid=Y BQbXmoOs0ejAM&ei=xvjbV8OhKOyS6QS-waWICg&tbm=isch&iact=rc&uact=3&dur=391&page=0&start=0&ndsp=21&ved=0ahUKEwjDnJWGhJTPAhVsSZoKHb 5gCaEQMwg1KAcwBw&bih=860&biw=1280 [16.09.2016] – **S. 94:** Antonia Roch: Nach dem Stottern ... geht es weiter. Aus: www.spiegel.de/spiegelwissen/bewerbungsgespraech-wie-praesentiert-man-sich-optimal-a-1041767.html [16.09.2016]

Bildquellenverzeichnis
S. 9: Fotolia/RioPatuca Images – **S. 9:** Fotolia/vector_master – **S. 10:** Fotolia/BillionPhotos.com – **S. 11:** Fotolia/Stan Fisher – **S. 13:** Fotolia/Argus – **S. 14:** Fotolia/S.Kobold – **S. 15:** Fotolia/Picture-Factory – **S. 19:** YourPhotoToday/BSIP – **S. 21:** Fotolia/Gstudio Group – **S. 22:** YourPhotoToday/phanie – **S. 24 m. l:** Shutterstock/Yuriy Vlasenko – **u.:** mauritius images/Reynaldo Chaib Paganelly/Alamy – **S. 32:** bpk/Akademie der Künste, Berlin, Bertolt-Brecht-Archiv/Hainer Hill – **S. 35:** bpk/Willi Saeger – **S. 36:** ullstein bild/Fotografisches Atelier Ullstein – **S. 44:** Fotolia/Blickfang – **S. 49:** Shutterstock/Kimrawicz – **S. 59:** action press – **S. 60:** Fotolia/Ocskay Bence – **S. 63:** Fotolia/Thomas Reimer – **S. 68:** Fotolia/theblackrhino – **S. 69:** action press/ Michael Ukas – **S. 70:** Fotolia/Fenton – **S. 76:** picture-alliance/ dpa – **S. 78 o. r.:** Fotolia/Daniel Prudek – **u. l.:** imago sportfotodienst – **S. 80:** Fotolia/Jankovoy – **S. 82:** Colourbox – **S. 83:** mauritius images/United Archives – **S. 84:** Shutterstock/Jaguar PS – **S. 87:** mauritius images/imageBROKER/Bernd F. Oehmen – **S. 88:** Colourbox – **S. 90:** action press/imagebroker.com

Impressum

Redaktion: Thorsten Feldbusch, Juliane Paar

Illustrationen:
Stefan Bachmann, Wiesbaden: S. 27, 31, 38
Bildbad, Berlin: S. 8, u. hintere Umschlaginnenseite, 46, 52, 53, 57
Thomas Binder, Magdeburg: S. 17

Coverfoto: Shutterstock/Edyta Pawlowska
Layout und technische Umsetzung: Ines Schiffel, beluga-grafikbüro gbr, Berlin

www.cornelsen.de

Dieses Werk berücksichtigt die Regeln der reformierten Rechtschreibung und Zeichensetzung.
Bei den mit [R] gekennzeichneten Texten haben die Rechteinhaber einer Anpassung widersprochen.

Alle Drucke dieser Auflage sind inhaltlich unverändert
und können im Unterricht nebeneinander verwendet werden.

Druck: ppm Fulda GmbH & Co. KG, Fulda

Ausgabe ohne Übungs-CD-ROM
1. Auflage, 5. Druck 2024
ISBN 978-3-06-062672-4

Ausgabe mit Übungs-CD-ROM
1. Auflage, 2. Druck 2018
ISBN 978-3-06-062684-7

PEFC-zertifiziert
Dieses Produkt stammt
aus nachhaltig
bewirtschafteten Wäldern,
Recycling und
kontrollierten Quellen
PEFC/04-31-1308   www.pefc.de

Deutschbuch

Differenzierende Ausgabe

Arbeitsheft

Lösungen

10

Name: _____

Klasse: _____

Arbeitstechniken

Seite 6

Aufgabenformate trainieren - Roboterautos

1
a die richtige Aussage ist: D
b die richtige Fortsetzung ist: A
c die falsche Aussage ist: D

Seite 7

2
a sinnvolle Verbindungen: A – 1, B – 4, C – 2, D – 3
b passende Zwischenüberschrift: 1 – C, 2 – B, 3 – D, 4 – A

3
a richtige Aussagen: B, D; falsche Aussagen: A, C, E, F
b richtige Aussagen: B, C, E; falsche Aussagen: A, D, F
   Korrektur Aussage F: „sie" bezieht sich auf „die Autos", die im Nebensatz genannt werden.

Seite 8

4
a

„...Computer übernehmen das Steuer" (Z. 13–14)	„Hier sind die Wege kniffliger" (Z. 73–74)
Diese Aussage bedeutet, dass in Zukunft der Mensch oder Fahrer *nicht mehr der eigentliche Lenker des Fahrzeugs ist*, sondern *der Wagen von einem Computer gesteuert wird*.	Damit soll ausgedrückt werden, dass *es für ein computergesteuertes Auto leichter ist, auf Autobahnen zu fahren als im dicht gedrängten, hektischen und zum Teil unberechenbaren Stadtverkehr*.

b „Aber manchmal [...] wissen wir es eben doch noch besser." (S. 6, Z. 85–86)
Es gibt Situationen, die für ein computergesteuertes Auto sehr schwer zu erkennen sind, z.B. wenn ein unbeweglicher Gegenstand wie ein Baumstamm oder ein Laubhaufen auf der Fahrbahn liegt. Dann kann es sein, dass diese vom Computer als stehendes Fahrzeug angesehen werden und er deshalb den Wagen anhält und nicht mehr weiterfährt. Solche Situationen kann der Mensch besser einschätzen und die richtige Entscheidung treffen, d.h. in diesem Fall „stehen bleiben" oder „weiterfahren".

5
a *Autos*, die ohne Fahrer fahren, das ist längst nicht mehr Science-Fiction, sondern *Wirklichkeit*. Forscher bringen den *Robotern* auf vier Rädern bei, selbstständig und sicher im *Verkehr* unterwegs zu sein. Um seine *Umgebung* zu erkennen, *sind* die Testwagen mit jeder Menge Sensoren und *Kameras* ausgestattet. So *nimmt* z.B. ein GPS-Empfänger auf dem Dach *Funksignale* von Satelliten auf, die im All auf festen *Bahnen* kreisen. Sie *geben* dem Auto *Orientierung*. Roboterwagen *fahren* bald zuverlässiger als jeder Mensch. Im Innenraum kann man dann dem Straßenverkehr den *Rücken* kehren und wie in einer *Kutsche* miteinander plaudern.
b Das Wort *Testfahrt* kann in keine Lücke eingesetzt werden.

Sprechen – Schreiben – Zuhören

Seite 9

Informationstexte verfassen – Thema „Fernsehen"

1
a M 1 Das Onlineportal YouTube startete 2005 als Plattform zum Hochladen von Amateurvideos und hat sich in den letzten Jahren zu einem ernstzunehmenden Gegner für traditionelles Fernsehen entwickelt.
1935 startete in Deutschland das erste Fernsehprogramm zunächst mit Bildern in Schwarz-Weiß, 30 Jahre später folgte das Farbfernsehen. Bis ins Jahr 1984 mussten sich die Zuschauer mit den öffentlich-rechtlichen Sendern ARD und ZDF begnügen. Die Geburt des Privatfernsehens erfolgte 1984. Inzwischen gibt es mehrere hundert Fernsehsender in Deutschland, die meisten davon sind private Anstalten.
Mittlerweile läuft das Internet den alten Fernsehsendern den Rang ab. In Deutschland zählt YouTube mehr als 38 Millionen Nutzer mit steigender Tendenz. YouTube hat es geschafft, die beliebteste Social-Media-Plattform der 12- bis 19-Jährigen zu werden. Die Videos von bekannten Online-Größen werden täglich tausendfach abgerufen. Und die YouTube-Reichweite eines erfolgreichen Videobloggers ist höher als die der größten deutschen Sender zusammengenommen.
Die Jugendlichen von heute wollen die Programme und die Zeit, zu der sie Videos anschauen, selbst bestimmen. „Die heutige Fernsehgeneration erfährt eine völlig neue ‚Programmierung' in ihrer Mediennutzung", sagt Markus Vorderberger, Medienwissenschaftler der Universität Berlin. Er meint: „In Zukunft wird man das Fernsehen einfach nicht mehr brauchen, weil alle gewünschten Inhalte auf YouTube zu sehen sein werden. Außerdem empfinden es Jugendliche als nicht mehr mit

dem heutigen Lebensrhythmus vereinbar, sich eine Zeit zu merken, zu der sie das Fernsehen einschalten müssen, um eine Sendung ihrer Wahl anschauen zu können."

Gerade die Vielfalt der Möglichkeiten, die Kostenfreiheit und die einfache Bedienbarkeit, die sozialen Vernetzungen und die immer besser werdenden technischen Möglichkeiten bieten hervorragende Grundlagen für eine fortschreitende Entwicklung der Online-Plattformen.

Ob YouTube das Fernsehen jedoch wirklich ersetzen wird? Die Frage bleibt offen. YouTube ist nur *ein* Bestandteil des Medienkonsums.

M3 **Natalie:** Ich komme nach Hause und gucke zwei Stunden YouTube-Videos. Da wird meine Welt widergespiegelt. Es geht um Hausaufgaben, Pubertät und Liebesprobleme, Schminken, Style usw. Dazu kann ich meine Kommentare abgeben, was im Fernsehen ja nicht geht.

Kerim: Ich finde es großartig, dass jeder dort etwas finden kann, was ihn interessiert.

Anna: Es ist faszinierend, in das Leben eines YouTubers gucken zu können. Man fühlt sich den Bloggern so nah. Webvideo-Stars reden mit ihren Zuschauern. Das Internet bietet viele Möglichkeiten: Man kann auf Kommentare eingehen und Kommentare schreiben. Jeder kann mitreden. Das ist anders als im Fernsehen.

Christine: Meine Eltern haben Angst, dass wir selbst im Internet auftauchen und wir Opfer von Cybermobbing werden.

Leon: Als YouTuber habe ich die Möglichkeit, viele Menschen anzusprechen, ohne über eine wie beim Fernsehen nötige professionelle Ausstattung zu verfügen. Ich kann mit meinem Smartphone Videos aufzeichnen und diese weltweit, rund um die Uhr verbreiten.

b M1 Zeile 16ff.: Mittlerweile läuft das Internet den alten Fernsehsendern den Rang ab. In Deutschland zählt YouTube mehr als 38 Millionen Nutzer mit steigender Tendenz. YouTube hat es geschafft, die beliebteste Social-Media-Plattform der 12- bis 19-Jährigen zu werden

Zeile 33ff.: Er meint: „In Zukunft wird man das Fernsehen einfach nicht mehr brauchen, weil alle gewünschten Inhalte auf YouTube zu sehen sein werden. [...]"

M3 Zeile 1f.: Ich komme nach Hause und gucke zwei Stunden YouTube-Videos.

Zeile 12ff.: Das Internet bietet viele Möglichkeiten: Man kann auf Kommentare eingehen und Kommentare schreiben. Jeder kann mitreden. Das ist anders als im Fernsehen.

z. B.: Informationstext zum Thema „Fernsehen – gestern, heute, morgen"

Angesichts des Erfolgs der Onlineplattform YouTube, über die seit 2005 jeder seine Videos allen zur Verfügung stellen kann, wird immer häufiger nach der Zukunft des Fernsehens gefragt.

Seit 1935 gibt es Fernsehprogramme in Deutschland. Zunächst wurde noch in Schwarz-Weiß gesendet, Mitte der 60er Jahre wurde dann das Farbfernsehen eingeführt. Die Zuschauer hatten damals noch die Wahl zwischen den beiden öffentlich-rechtlichen Sendern ARD und ZDF. 1984 kam der erste Privatsender hinzu. Inzwischen stehen dem Zuschauer mehrere hundert Fernsehsender zur Verfügung. Aber die feststehenden Programme und Sendezeiten sind nicht mehr attraktiv für junge Menschen. Sie möchten sich selbst aussuchen, welche Videos und Filme sie sehen und wann sie diese sehen. Hinzu kommt, dass im Internet leicht Kommentare zu den Beiträgen verfasst und auch schnell beantwortet werden können. Auch können junge Menschen ohne die beim Fernsehen benötigte professionelle Ausstattung ihre Videos hochladen und möglicherweise zu Webvideo-Stars mit eigenem Channel werden. Die Online-Plattformen werden immer beliebter, da sie viele Möglichkeiten bieten sowie kostengünstig und einfach zu bedienen sind. Ob diese Entwicklung jedoch dazu führen wird, dass das Fernsehen durch YouTube und andere Online-Plattformen ersetzt wird, bleibt abzuwarten, denn der Medienkonsum setzt sich aus vielen Bestandteilen zusammen.

Seite 10

 a

Fernsehen in der...	M1	M2	M3
Vergangenheit	X	X	
Gegenwart	X	(X)	X
Zukunft	X		

b Fernsehen in der Vergangenheit: *startete 1935 in Deutschland, zunächst in Schwarz-Weiß, ab 1965: Farbfernsehen, bis 1984: nur ARD und ZDF (öffentlich-rechtliche Sender)*

Fernsehen in der Gegenwart: *hunderte Fernsehsender in Deutschland, veränderte Mediennutzung der Jugendlichen stärkt das Internet und schwächt das Fernsehen, Internet mit steigender Tendenz als Plattform genutzt, auf der Videos abgerufen werden, sehr große Reichweite, nicht an Sendezeiten gebunden, Vielfalt der Möglichkeiten, Kostenfreiheit, einfache Bedienbarkeit, interaktiv*

Fernsehen in der Zukunft: *fortschreitende Entwicklung und zunehmender Erfolg der Online-Plattformen, fortgesetzte Individualisierung des Medienkonsums*

Seite 11

 a A Alle Befragten *ab* 14 Jahren schauen *im Jahr 2015 jeden Tag* 208 *Minuten*-Fernsehen.

B *Nicht so viel* schauen die 14- bis 29-Jährigen. Sie schauen insgesamt 64 Minuten *weniger*.

C Den Hörfunk nutzen die 14- bis 29-Jährigen *137* Minuten am Tag.

D Damit verhalten sie sich ähnlich wie beim Fernsehen.

E Das Internet nutzen alle Befragten ab 14 Jahren *weniger* als *die Gruppe der 14- bis 29-Jährigen*.

F Medien wie CD und MP3 nutzen alle *unterschiedlich* häufig. Sie werden am häufigsten je Tag *von der Gruppe der 14- bis 29-Jährigen* genutzt.

b Die Grafik zeigt, dass die *14- bis 29-Jährigen* als der jüngere Teil aller Befragten vor allem *das Internet* und *CD/MP3* nutzen. Das sind die sogenannten *neuen* Medien.

Die älteren Medien wie *Fernsehen* und *Hörfunk* nutzen sie bereits *weniger*.

Man kann daher vermuten, dass in Zukunft Fernsehen und Hörfunk *eine geringere* Rolle spielen.

4 a, b Überschrift: Fernsehen – gestern, heute, morgen

Einleitung: Thema: Veränderung des Fernsehens

Hauptteil: Geschichte des Fernsehens (*startete 1935 in Deutschland, zunächst in Schwarz-Weiß, ab 1965: Farbfernsehen, bis 1984: nur ARD und ZDF (öffentlich-rechtliche Sender)*, gegenwärtige Trends durch Online-Plattformen, zunehmende Nutzung der Onlineplattformen, weil kostengünstig, große Reichweite, leicht bedienbar, interaktiv, 14- bis 29-Jährige nutzen lieber das Internet als den Fernseher, Vorhersagen über die weitere Entwicklung, vermutlich spielen Fernsehen und Hörfunk in Zukunft eine geringere Rolle, Individualisierung des Medienkonsums

Schluss: eigene Einschätzung/Frage/Appell

Seite 12

Alles YouTube? – Einen Informationstext einleiten und abschließen

1 Adressaten: *Mitschüler, gleichaltrige Jugendliche*

Was sie besonders interessieren könnte: *Werden Online-Plattformen das Fernsehen ersetzen?*

2 a z. B.: Überschrift A

b z. B.: Wird das Fernsehen ersetzt?

3 z. B.: Könnt ihr euch vorstellen, dass in Zukunft das Internet das Fernsehen schlagen wird? Fernsehen wird dann nicht mehr das Fernsehen von gestern oder heute sein, sondern das Fernsehen wird selbst gemacht, selbst gestaltet. Immer mehr Jugendliche schauen heute schon sehr häufig fern über das Internet.

4 z. B.: Zusammenfassend ist festzustellen, dass das Fernsehen innerhalb eines halben Jahrhunderts *einen radikalen Wandel durchlaufen hat. Immer mehr Menschen gestalten ihren Fernsehkonsum verstärkt individuell.*

Wahrscheinlich wird es so sein, dass *in Zukunft nur noch eine Minderheit dem tatsächlichen Fernsehprogramm so folgt, wie es in Fernsehzeitschriften angekündigt wird. Ort, Zeit und tatsächliche Sendungen werden von den Konsumenten ganz persönlich ausgewählt und gestaltet.*

Jeder, der vor allem YouTube nutzt, sollte sich klarmachen, dass *die digitale Welt des Internets nicht echte Freunde und andere Freizeitbeschäftigungen ersetzen kann.*

Seite 13

Alles YouTube? – Den Hauptteil eines Informationstextes überarbeiten

1 z. B.: Noch vor sechzig Jahren gab es nur zwei Fernsehprogramme, die ihre Sendungen in Schwarz-Weiß ausstrahlten. Die Generation Online interessiert sich nicht mehr für das traditionelle Fernsehen, sondern nur noch für YouTube und andere Online-Plattformen.

Zunehmend verdrängen das Internet und seine Video-Plattformen die traditionellen und bekannten Fernsehsender. In Deutschland verzeichnet YouTube bereits mehr als 38 Millionen Nutzer und täglich werden es mehr. Unter den 12-bis 19-Jährigen ist YouTube bereits die beliebteste Social-Media-Plattform.

Jugendliche wollen nicht nur selbst entscheiden, was sie sich ansehen und wann sie Videos anschauen, sondern ebenso wollen sie ihr eigenes Programm zusammenstellen.

Während man beim Fernsehen nur zuschauen kann, ist bei YouTube ein Kontakt mit den Bloggern möglich.

Jugendliche sind im Umgang mit Online-Plattformen vertraut, dennoch fürchtet die Generation der Eltern Cybermobbing.

2 a, b z. B.: Fernsehen oder YouTube?

Könnt ihr euch vorstellen, dass in Zukunft das Internet das Fernsehen schlagen wird? Fernsehen wird dann nicht mehr das Fernsehen von gestern oder heute sein, sondern das Fernsehen wird selbst gemacht, selbst gestaltet. Immer mehr junge Menschen zwischen 14 und 29 Jahren nutzen das Internet weit häufiger als das Fernsehen und den Hörfunk.

Noch vor sechzig Jahren gab es nur zwei Fernsehprogramme, die ihre Sendungen in Schwarz-Weiß ausstrahlten. Aber die Generation Online interessiert sich nicht mehr für das traditionelle Fernsehen, sondern nur noch für YouTube und andere Online-Plattformen. Zunehmend verdrängt das Internet mit seinen Video-Plattformen die traditionellen und bekannten Fernsehsender. Die 14- bis 29-Jährigen nutzen das Internet häufiger als alle anderen Altersgruppen. In Deutschland verzeichnet YouTube bereits mehr als 38 Millionen Nutzer und täglich werden es mehr. Unter den 12- bis 19-Jährigen ist YouTube bereits die beliebteste Social-Media-Plattform. Jugendliche wollen nicht nur selbst entscheiden, was sie sich ansehen und wann sie Videos anschauen, sondern ebenso wollen sie ihr eigenes Programm zusammenstellen. Während man beim Fernsehen nur zuschauen kann, ist bei YouTube ein Kontakt mit den Bloggern möglich. Obwohl die Jugendlichen im Umgang mit Online-Plattformen vertraut sind, fürchtet die Generation der Eltern Cybermobbing.

Zusammenfassend ist festzustellen, dass das Fernsehen innerhalb eines halben Jahrhunderts einen radikalen Wandel durchlaufen hat. Immer mehr Menschen gestalten ihren Fernsehkonsum verstärkt individuell. Wahrscheinlich wird es so sein, dass in Zukunft nur noch eine Minderheit dem tatsächlichen Fernsehprogramm so folgt, wie es in Fernsehzeitschriften angekündigt wird. Ort, Zeit und tatsächliche Sendungen werden von den Konsumenten ganz persönlich ausgewählt und gestaltet. Jeder, der vor allem YouTube nutzt, sollte sich klarmachen, dass die digitale Welt des Internets nicht echte Freunde und andere Freizeitbeschäftigungen ersetzen kann.

Seite 14

Argumentieren – Schüler helfen Schülern

1 Der Zeitungsartikel thematisiert den Einsatz von älteren Schülertutoren in Schulen.

Seite 15

2 a, b, c

Argumente	
PRO (dafür)	**KONTRA (dagegen)**
– erleichtern die Phase des Einlebens für jüngere Schüler (Z. 11–12) – helfen bei Streitigkeiten (Z. 5) – sind Ansprechpartner für Fragen (Z. 5–6) – helfen Lernschwierigkeiten zu bewältigen (Z. 7) – können mit allen Fragen zu den älteren Mitschülern gehen (Z. 12–13) – führen gemeinsame Aktivitäten an Projekttagen oder bei Ausflügen durch (Z. 14–17) – unterstützen und begleiten während der gemeinsamen Aktivitäten (Z. 14–17) – organisieren die Freizeit- und Pausengestaltung (Z. 18–21) – organisieren Nachhilfebörse (Z. 19–22) – geben hilfreiche Tipps (Z. 20–21) – werden als Vorbild angesehen (Z. 32) – kommt ihren sozialen Fähigkeiten zugute und stärkt ihr Selbstbewusstsein (Z. 32-34) – Tutoren lernen, Verantwortung zu übernehmen – Tutoren schulen sich in organisatorischen Fragen – jüngere Schüler werden mutiger im Umgang mit älteren	– verpassen eigenen Unterricht (Z. 44–46) – oft in Konfliktsituationen überfordert (Z. 36–38) – haben keine Erfahrung (Z. 42) – sind zu wenig methodisch geschult (Z. 41–42) – organisatorischer Aufwand bezüglich Zeit- und Raumorganisation zu hoch (Z. 54–57) – ungeklärt sind erwachsene Ansprechpartner – Lehrer müssten Patenschaften regelmäßig prüfen (Zeitkomponente)

Seite 16

3 b z. B.: Argumente für Schülertutoren

Meine wichtigsten Argumente	Meine Beispiele zu den Argumenten
(1) erleichtern die Phase des Einlebens für jüngere Schüler (2) helfen Lernschwierigkeiten zu bewältigen (3) führen gemeinsame Aktivitäten an Projekttagen oder bei Ausflügen durch	(1) machen Führungen durch die Schule und zeigen die wichtigsten Räume (2) geben Nachhilfeunterricht, erklären unverstandene Unterrichtsinhalte/unterstützen bei den Hausaufgaben (3) begleiten bei Unterrichtsgängen oder Besuchen in Museen, Kletterwald etc., führen gemeinsam Projekte klassenübergreifend durch

z. B.: Argumente gegen Schülertutoren

Meine wichtigsten Argumente	Meine Beispiele zu den Argumenten
(1) verpassen eigenen Unterricht (2) oft in Konfliktsituationen überfordert (3) sind zu wenig methodisch geschult	(1) können z.T. nicht regelmäßig an allen Unterrichtsstunden teilnehmen und sind nicht bei wichtigen Unterrichtsthemen anwesend; müssen nacharbeiten (2) Lebenserfahrung reicht noch nicht aus, um in schwierigen Situationen angemessen einzugreifen/um größere Probleme vermeiden zu helfen (3) Einweisungen durch Lehrer und kurze Seminare durch Fachleute reichen nicht aus

c z. B.: 1. Einwand gegen eine Pro-Meinung
Die älteren Schüler könnten z.T. nicht regelmäßig an allen Unterrichtstunden teilnehmen und müssten den verpassten Unterrichtsstoff allein nachholen.
2. Einwand gegen eine Kontra-Meinung
Die älteren Schüler begleiten die jüngeren bei Ausflügen und führen mit ihnen gemeinsame Projekttage durch, wobei die jüngeren lernen, wie man sich auf Ausflügen verhält und welche großartigen Projekte möglich sind, wenn die älteren dabei helfen.

d z. B. Entkräftung von 1.
Sicherlich kann man einwenden, dass die Schülertutoren eigenen Unterricht verpassen.
Dennoch habe ich die Erfahrung gemacht, dass sie auf der anderen Seite lernen, Verantwortung zu übernehmen.
Entkräftung von 2.
Es ist schon richtig, dass an Projekttagen oder bei Ausflügen gemeinsame Aktivitäten durchgeführt werden, man muss allerdings berücksichtigen, dass die Schülertutoren dabei auch eigene Unterrichtszeiten versäumen.

4 z. B.:

A **PRO:** Auch wenn manche bezweifeln, ob Schülertutoren erfolgreich jüngere Schüler in der Schule begleiten, so überwiegen die Vorteile dieser gemeinsamen Zusammenarbeit. Daher sollte es viel mehr Schulen geben, die Schülertutoren in ihr Schulkonzept aufnehmen.

B **KONTRA:** Selbst wenn sich Schülerpatenschaften bereits an vielen Schulen bewährt haben, so bin ich der Meinung, dass die jungen Menschen überfordert sind, und fordere, dass die Lehrer und Eltern mehr in die Pflicht genommen werden.

Seite 17

„Ich meine ..." – Mit der Sandwich-Methode überzeugend argumentieren

1 z. B.:

A Orientierungslose Fünftklässler! Müssen es immer die Lehrer sein, die helfen können? Ich meine, Schüler können hier zum Teil die Aufgaben von Lehrern übernehmen oder sie entlasten. Nach fünf/sechs Jahren Schule haben die älteren Schüler bereits so viele Erfahrungen gesammelt, dass sie jüngeren Mitschülern in vielen Situationen hilfreich zur Seite stehen können. Schülertutoren sollten deshalb im schulischen Alltag zur Normalität werden.

B Reicht es nicht, wenn ich mich in der Schule auf mein eigenes Lernen konzentriere? Muss ich mich sozial engagieren? Ich meine daher, dass ältere Schüler keinesfalls zusätzliche und vor allem zeitlich aufwendige Aufgaben in der Schule übernehmen sollten. Die Aufgaben eines Schülertutors sind nicht nur sehr zeitraubend, sondern in Einzelfällen auch sehr anstrengend. Deshalb bin ich gegen den Einsatz von Schülern als Schülertutoren.

2 a z. B.: **PRO** Viele Schulen machen sehr gute Erfahrungen mit Schülertutoren. Man weiß aus Statistiken, dass Beteiligte berichten, dass es dadurch zu viel weniger Streitigkeiten im Schulalltag kommt und ihnen das Engagement sehr viel Spaß bereitet und sie nebenbei zusätzliche Fähigkeiten durch den Umgang mit jüngeren Schülern erlangen.
KONTRA Man weiß aus Statistiken, dass Beteiligte berichten, dass sie in Konfliktsituationen überfordert sind und nicht angemessen reagieren können.

b z. B.: **PRO** Man könnte zwar einwenden, dass die Schülertutoren eigenen Unterricht verpassen.
Allerdings ist dabei zu bedenken, dass der Zugewinn viel größer ist als der Zeitverlust im konkreten Fall.
KONTRA: Zwar gibt es Hinweise darauf, dass die Schülerpatenschaften sinnvoll sind, damit die älteren den jüngeren Schülern bei Lernschwierigkeiten helfen, aber insgesamt ist die Schülerpatenschaft eine Belastung für die älteren Schüler, die teilweise eigenen Unterricht verpassen und den Stoff dann selbstständig nacharbeiten müssen.

c z. B.: **PRO** Für den Einsatz spricht insbesondere auch, dass die Phase des Einlebens für jüngere Schüler durch die Schülertutoren sehr erleichtert wird.
KONTRA: Wichtig ist vor allem, dass die älteren Schüler in den methodischen Kompetenzen gut geschult werden und fit sind. Das ist jedoch leider nicht immer gegeben.

Seite 18

„Ich meine ..." – Einen Leserbrief kritisch prüfen und beenden

1 a, b, c z .B.:

Einleitung: [...] mit Interesse las ich den Artikel „Tutoren gestalten das Schulleben mit", in dem die Frage diskutiert wird, ob es sinnvoll sei, Schülertutoren einzusetzen.
Hauptteil: Genau wie der SV-Lehrer bin auch ich der Überzeugung, dass der Einsatz von Schülertutoren nicht nur besonders lobenswert, sondern darüber hinaus sehr gewinnbringend für alle Beteiligten und das Schulleben im Allgemeinen ist.
Hauptteil: Immer mehr Schulen gehen dazu über, Schülerpatenschaften einzurichten. Zu Recht! Als Schülerin einer zehnten Klasse habe ich selbst positive Erfahrungen als Tutorin sammeln können. Es ist großartig, ein Vorbild zu sein und den jüngeren Schülern im Schulalltag zu helfen, z. B. wenn sie wissen wollen, wie man bei einer AG mitmachen kann. Tutoren aus meiner Gruppe haben sogar Nachhilfe- oder Freizeitangebote organisiert und auf diese Weise viele Fünftklässler zum Lernen motivieren können. Und wenn Auseinandersetzungen zu lösen waren, haben wir das untereinander ohne Erwachsene lösen können. Zwar könnte man einwenden, dass meine persönliche Lernzeit dadurch eingeschränkt wurde, allerdings kann ich diese Bedenken nicht teilen. Ich stelle im Gegenteil fest, dass die positiven Erlebnisse bei Weitem überwiegen. Ich selbst lerne dabei auch eine Menge. Es ist schon richtig, dass Schülertutoren nicht das fachliche Wissen

mitbringen, allerdings werden wir in Vorbereitungsseminaren für unsere Aufgaben geschult. Man darf auch nicht außer Acht lassen, dass Lehrer unsere Tätigkeiten als Schülertutoren begleiten und unterstützen.

c Gegenargument und Entkräftung:
Zwar bringen die Schülertutoren nicht das fachliche Wissen mit, werden aber in Vorbereitungsseminaren für ihre Aufgaben geschult und von den Lehrern begleitet und unterstützt.

2 z. B.: Für den Einsatz der Schülertutoren spricht insbesondere auch, dass die Phase des Einlebens für jüngere Schüler durch die Schülertutoren sehr erleichtert wird und sie bei gemeinsamen Aktivitäten an Projekttagen oder bei Ausflügen auch klassenübergreifend und jahrgangsübergreifend zusammenarbeiten können. Dabei entlasten sie nicht nur die Lehrer, sondern bereichern sich gegenseitig.

Auch wenn manche bezweifeln, ob Schülertutoren erfolgreich jüngere Schüler in der Schule begleiten, so überwiegen die Vorteile dieser gemeinsamen pädagogischen Zusammenarbeit. Daher sollte es viel mehr Schulen geben, die das Konzept der Schülertutoren in ihr Schulprofil aufnehmen.

Lesen – Umgang mit Texten und Medien

Seite 19

Einen argumentierenden Sachtext analysieren – Personal Trainer to go?

1 a Name, der Autorin, Titel, Erscheinungsort und -jahr: Ria Lichter, Fitnessarmband statt Personal Trainer?, Jugendzeitschrift just4fit, 2016

b Schlüsselwörter in Abschnitt 1: Freizeitsportler (Z. 3–4), Fitnessarmband überzustreifen (Z. 5), Absatz [...] zunehmend steigen (Z. 10–11)
Schlüsselwörter in Abschnitt 2: Sportmuffel (Z. 15), Sportskanone (Z. 15–16), lediglich als modisches Accessoire (Z. 17–18), Symbol für eine vermeintliche Sportlichkeit (Z. 18–19), Umsätze der Hersteller auf dem US-amerikanischen und chinesischen Markt ansteigen (Z. 23–24)
Schlüsselwörter in Abschnitt 3: Digitalisierung des Alltagslebens (Z. 26–27), ersetzen [...] „Personal Trainer" aus Fleisch und Blut (Z. 29–30), Sportmediziner und Sportpsychologen stehen Entwicklung mit gemischten Gefühlen gegenüber (Z. 42–44), Verletzungsrisiko (Z. 44)
Schlüsselwörter aus Abschnitt 4: Verbraucherschützer warnen (Z. 50), sensible, persönliche Informationen (Z. 53), müssen nicht elektronische Geräte sein, die sich zu Fitnesseinpeitschern aufschwingen (Z. 63–64)

Seite 20

2 Antwort D ist zutreffend.

3 ❶ Immer mehr Freizeitsportler tragen Fitnessarmbänder
❷ Vom Sportmuffel zur Sportskanone durch ein buntes Band?
❸ Technische Geräte ersetzen Sportfreunde aus Fleisch und Blut
❹ Nachteile durch Missbrauch der gesammelten Informationen

4 z. B.: In dem Artikel *„Fitnessarmband statt Personal Trainer?"* von *Ria Lichter*, erschienen am *25. 01. 2016* in der Jugendzeitschrift „just4fit", geht es um *Fitnessarmbänder, die immer häufiger von Freizeitsportlern getragen werden, und um deren Einfluss auf das Sportverhalten der Nutzer.*

Seite 21

Schlau aneinandergefügt – Argumente untersuchen

1 a Abschnitt 1, Z. 3 –6: Für immer mehr Freizeitsportler scheint die Lösung darin zu liegen, täglich das Fitnessarmband überzustreifen und die Schritte zum perfekten Körper zu zählen.
Abschnitt 2, Z. 21–24: Die Verkaufszahlen der z. T. kostspieligen Fitnessarmbänder lassen vielmehr die Umsätze der Hersteller auf dem US-amerikanischen und chinesischen Markt ansteigen.
Abschnitt 3, Z. 25–27: Die Fitnessarmbänder passen nur zu gut in die allgemeine Entwicklung der Digitalisierung des Alltagslebens.
Abschnitt 4, Z. 51–54: Wenn die Fitnessuhren geknackt werden, erführe die Öffentlichkeit sensible, persönliche Informationen über ihre Träger.

b z. B.: Die Autorin informiert den Leser zunächst über die zunehmende Nutzung von Fitnessarmbändern und die damit zusammenhängenden Umsatzsteigerungen auf dem weltweiten Markt.
Grundsätzlich vertritt Ria Lichter den Standpunkt, dass die elektronischen Geräte am Arm der Nutzer überflüssig sind und stattdessen Sportfreunde im Team oder in der Mannschaft sportliche Aktivitäten begleiten sollten.
Ihr wichtigstes Argument lautet, dass im Rahmen einer Digitalisierungswelle immer mehr der Mensch als Partner ausgetauscht oder verdrängt wird und hierdurch persönliche Kontakte – gerade bei Freizeitaktivitäten – verschwinden.
Im Anschluss daran stellt die Autorin Gefahren, die durch den Missbrauch der gesammelten Informationen eintreten

könnten, vor. Dabei greift sie auf Szenarien zurück, in denen Krankenkassen und Versicherungsunternehmen aktive Freizeitsportler belohnen und weniger aktive durch höhere Tarife bestrafen.

2 a, b   z. B.: Ich stimme Aussage B zu, weil *die Autorin bewusst die Träger der Fitnessarmbänder davon überzeugen will, beim Sport doch lieber auf Freunde oder Kollegen zurückzugreifen als auf digitale Messgeräte. Zudem sind die Gefahren, die die Geräte bergen – von einer gesteigerten Verletzungsgefahr bis hin zu Datenmissbrauch – nicht unerheblich.*

Seite 22

Mit Bedacht gewählt – Sprachliche Mittel untersuchen

1 a richtige Zuordnung: A – 3, B – 1, C – 4, D – 2

b	Textbeispiel	Sprachliches Mittel und seine Wirkung
	„Fitness-Sportarten wie Jogging, Walking, Schwimmen und Radfahren" (Z. 33–34)	Fachsprache: gibt dem Text einen fachlich fundierten Charakter
	„Schrittzahl, Kalorienverbrauch und Herzfrequenz" (Z. 7–8) „die Zeit stoppt, im Stadion anfeuert oder die geschwommenen Bahnen ansagt" (Z. 31–32) „den Spaß, die Motivation und die persönliche Leistung voranbringen" (Z. 37–38) „Laufpartner, Freunde oder Vereinskollegen" (Z. 39–40)	Aufzählung: Vielfalt der Thematik und Sachkenntnis der Autorin
	„Aber passiert das wirklich?" (Z. 16)	rhetorische Frage: aktive Einbindung des Lesers
	„die Schritte zum perfekten Körper zu zählen" (Z. 5–6) „den inneren Schweinehund überwinden" (Z. 13–14) „ersetzen [...] den „Personal Trainer" aus Fleisch und Blut" (Z. 29–30) „warnen [...] vor dem gläsernen Kunden" (Z. 50–51)	bildhafter Ausdruck: leserfreundliche, verständliche Aufbereitung des Inhalts

c   Der Text wirkt wissenschaftlich und glaubhaft durch *die Nutzung von Fachsprache. Sie soll zeigen, dass die Autorin sich in der Sache auskennt und gut informiert ist. So nutzt sie z.B. die Begriffe „Branche", „Digitalisierung", „Personal Trainer", „Wearables" (Z. 9, 26, 29, 36) oder sie zählt unterschiedliche Fitness-Sportarten wie „Jogging, Walking, Schwimmen und Radfahren" (Z. 33–34) auf.*
Die Verfasserin verdeutlicht ihre Position anhand zahlreicher Aufzählungen wie z. B. „berechnen, speichern, sammeln" (Z. 27–28) oder „die Zeit stoppt, im Stadion anfeuert oder die geschwommenen Bahnen ansagt" (Z. 31–32). Hierdurch werden die Vielfalt der Thematik sowie die Sachkenntnis der Autorin aufgezeigt.
Indem die Autorin bildhafte Ausdrücke verwendet, unterstreicht sie sehr anschaulich und leserfreundlich das diskutierte Thema. Im Text finden sich zahlreiche Beispiele wie „elektronische [...] Fitnesseinpeitscher", „feurige Sportskanone" (Z. 15, 64) und auch „gläserne[n] Kunden" (Z. 51).
Durch die Verwendung von rhetorischen Fragen im Text entsteht der Eindruck, dass der Leser aktiver eingebunden wird, da die Autorin ihn anspricht und gleichzeitig die Antwort vorwegnimmt, wie z.B. bei „Aber müssen dabei zwingend sogenannte Wearables ...?" (Z. 35–38) und „Aber passiert das wirklich?" (Z. 16).

2   z. B.: Meiner Ansicht nach spricht nichts gegen eine gut dosierte Nutzung von Wearables, um die eigene Fitness zu trainieren. So kann ich der im Text vertretenen Meinung nur zum Teil zustimmen, da auf echte Sportpartner und Trainer nicht verzichtet werden kann, aber Wearables das Training durchaus sinnvoll ergänzen können.

3 a z. B.: In dem Artikel „Fitnessarmband statt Personal Trainer?" von Ria Lichter, erschienen am 25.01.2016 in der Jugendzeitschrift „just4fit", geht es um Fitnessarmbänder, die immer häufiger von Freizeitsportlern getragen werden, und um deren Einfluss auf das Sportverhalten der Nutzer.
Die Autorin informiert den Leser zunächst über die zunehmende Nutzung von Fitnessarmbändern und die damit zusammenhängenden Umsatzsteigerungen auf dem weltweiten Markt.
Grundsätzlich vertritt Ria Lichter den Standpunkt, dass die elektronischen Geräte am Arm der Nutzer überflüssig sind und stattdessen Sportfreunde im Team oder in der Mannschaft sportliche Aktivitäten begleiten sollten.
Ihr wichtigstes Argument lautet, dass im Rahmen einer Digitalisierungswelle immer mehr der Mensch als Partner ausgetauscht oder verdrängt wird und hierdurch persönliche Kontakte – gerade bei Freizeitaktivitäten – verschwinden.
Im Anschluss daran stellt die Autorin Gefahren, die durch den Missbrauch der gesammelten Informationen eintreten könnten, vor. Dabei greift sie auf Szenarien zurück, in denen Krankenkassen und Versicherungsunternehmen aktive Freizeitsportler belohnen und weniger aktive durch höhere Tarife bestrafen.
Ria Lichter verwendet unterschiedliche sprachliche Mittel, um ihre Meinung zu unterstützen. Der Text wirkt wissenschaftlich und glaubhaft durch die Nutzung von Fachsprache. Sie soll zeigen, dass die Autorin sich in der Sache auskennt und gut informiert ist. So nutzt sie z.B. die Begriffe „Branche", „Digitalisierung", „Personal Trainer", „Wearables" (Z. 9, 26, 29, 36) oder sie zählt unterschiedliche Fitness-Sportarten wie „Jogging, Walking, Schwimmen und Radfahren" (Z. 33–34) auf.
Die Verfasserin verdeutlicht ihre Position anhand zahlreicher Aufzählungen wie z.B. „berechnen, speichern, sammeln" (Z. 27–28) oder „die Zeit stoppt, im Stadion anfeuert oder die geschwommenen Bahnen ansagt" (Z. 31–32). Hierdurch werden die Vielfalt der Thematik sowie die Sachkenntnis der Autorin aufgezeigt.

Indem die Autorin bildhafte Ausdrücke verwendet, unterstreicht sie sehr anschaulich und leserfreundlich das diskutierte Thema. Im Text finden sich zahlreiche Beispiele wie „elektronische […] Fitnesseinpeitscher", „feurige Sportskanone" (Z. 15, 64) und auch „gläserne[n] Kunden" (Z. 51).

Durch die Verwendung von rhetorischen Fragen im Text entsteht der Eindruck, dass der Leser aktiver eingebunden wird, da die Autorin ihn anspricht und gleichzeitig die Antwort vorweg nimmt, wie z.B. bei „Aber müssen dabei zwingend sogenannte Wearables …?" (Z. 35–38) und „Aber passiert das wirklich?" (Z. 16).

Meiner Ansicht nach spricht nichts gegen eine gut dosierte Nutzung von Wearables, um die eigene Fitness zu trainieren. So kann ich der im Text vertretenen Meinung nur zum Teil zustimmen, da auf echte Sportpartner und Trainer nicht verzichtet werden kann, aber Wearables das Training durchaus sinnvoll ergänzen können.

Seite 23

Grafiken verstehen und auswerten – Wearables und Fitness

1 b Richtig sind die Aussagen: B, C, F   falsch sind die Aussagen: A, D, E.

2 In der als Säulendiagramm gestalteten Grafik aus dem Jahr 2015 mit dem Titel „Die Zukunft von Wearables hängt am Handgelenk" geht es um die voraussichtlichen Absatzzahlen von Wearables.
Das sind tragbare Datengeräte, die man z.B. am Handgelenk tragen kann. Während im Jahr 2014 insgesamt 26,4 Millionen Stück davon abgesetzt wurden, sind es im Jahr 2015 bereits 72,1 Millionen Wearables. Und bis 2019 soll er sich annähernd verdoppelt haben. Das bedeutet für Unternehmen, dass weitere Umsatzsteigerungen zu erwarten sind und sich die Einnahmen durch den Verkauf von Wearables erhöhen werden.

Seite 25

Eine Rede analysieren – „Wir sind Charlie!"

1 Der Bundespräsident hielt die Rede zum Neujahrsempfang im Schloss Bellevue am 9. Januar 2015.

2 a, b

Wer redet?	Bundespräsident Joachim Gauck
Wer sind die Adressaten? Vor wem wird gesprochen?	Gäste des Neujahrsempfangs („Menschen, die unser Land prägen", Z. 2)
Wann und wo wurde die Rede gehalten?	Neujahrsempfang im Schloss Bellevue (Berlin, 9. Januar 2015)
Welcher Anlass führte zur Rede?	Verbrechen, das in Paris geschah (Z. 5–6)
Wie lautet das Thema der Rede?	Bewahrung der Freiheitsrechte (Z. 20–26)
Welches Ziel verfolgt der Redner?	Appell an die Bürger, für Verfassung, Rechtsstaat und Menschlichkeit zusammenzustehen und sich nicht spalten zu lassen (Z. 27–40)

c z. B.: Am 9. Januar 2015 hielt Bundespräsident Joachim Gauck im Schloss Bellevue in Berlin eine Rede. Anlass der Rede war das Attentat auf die Redaktion der französischen Satirezeitschrift „Charlie Hebdo". Thematisch geht es um die gemeinsame Bewahrung der Freiheitsrechte.

3 a Abschnitt: ❶ Z. 1–8: Das Attentat in Paris ist ein Angriff auf die Freiheit.
Abschnitt: ❷ Z. 9–28: Der Bundespräsident ruft die Bürger auf, die Freiheitsrechte zu bewahren und sich nicht durch Hass spalten zu lassen.
Abschnitt: ❸ Z. 29–48: Er plädiert für eine Gesellschaft, in der alle Menschen friedlich miteinander leben können.
Abschnitt: ❹ Z. 49–58: Der Bundespräsident bekundet Solidarität mit Frankreich und den Familien der Opfer.

b z. B.: Der Bundespräsident bezeichnet in seiner Rede zum Neujahrsempfang das Attentat in Paris als einen Angriff auf die Freiheit und damit auf die demokratische Gesellschaft. Er ruft die Bürger auf, die Freiheitsrechte zu bewahren und sich nicht durch Hass spalten zu lassen. Joachim Gauck plädiert für eine Gesellschaft, in der alle Menschen friedlich miteinander leben können. Zum Abschluss der Rede bekundet er seine Solidarität mit Frankreich und den Familien der Opfer.

4 a unser/e: Z. 2, 18, 27, 47, wir: Z. 4 (2x), 9, 15, 20, 22 (2x), 24, 28, 29, 43, 49, 51 (2x), 52, 54 (2x), 55, 58, uns: Z. 4, 17, 28, 30, 34, ihre: Z. 24, ich: Z. 26, 56, seine: Z. 32, er: Z. 33, 34, sie: Z. 48, 49

b Joachim Gauck verwendet vor allem *die Personalpronomen „wir" und „uns" sowie das Possessivpronomen „unsere".*

Seite 26

5 Untersucht man die *sprachliche Gestaltung* der Rede, so fällt auf, dass der Bundespräsident fast ausschließlich die *Pronomen* „wir" (z. B. Z. 9, 15, 20) *„unsere "* (z. B. Z. 2, 18) *„uns "* (z. B. Z. 17, 35) verwendet. Dies soll bei den Zuhörern sowohl das Gemeinschaftsgefühl untereinander als auch die *Verbundenheit (Solidarität)* mit den europäischen Partnern *stärken.* Der Gebrauch dieser Pronomen gipfelt in dem Satz *„Wir sind Charlie!"*, der als Wahlspruch für das neue *Zusammengehörigkeitsgefühl* gedeutet werden kann.

6 a richtige Zuordnung: A – 2, B – 3, C – 1

b

Textbeispiel	Sprachliches Mittel und seine Wirkung
– „Das Attentat erschüttert uns, aber es erschüttert nicht unsere Überzeugungen!" (Z. 15–19)	Aufruf/Appell: Ermutigung/verbale Unterstützung der Bürger, an ihren Überzeugungen festzuhalten
– „für die Versammlungsfreiheit und für die Religionsfreiheit – für die Freiheit insgesamt" (Z. 25–26) – „wie jemand heißt oder wer seine Mutter ist, an welchen Gott er glaubt oder welche Feste er feiert" (Z. 31–34) – „das Bekenntnis zu Verfassung, Rechtsstaat und Menschlichkeit" (Z. 37–40) – „Christen, Muslime und Juden" (Z. 46–47)	Aufzählung: auf diese Weise unterstreicht der Redner die Aussagen, deren Verständnis/Aufnahme durch den Zuhörer ihm besonders wichtig sind
– „Institutionen und Gesetze" (Z. 52–53) – „Fanatismus und Gewalt" (Z. 53)	Fahnen- und Stigmawörter: stärken den positiven Wert der eigenen Gemeinschaft; rücken den Gegner in ein negatives Licht

7 a

Aussage	Vom Redner verfolgtes Ziel
„Und: Wir lassen uns durch Hass nicht spalten." (Z. 28)	Publikum wird zum Handeln bewegt
„Unsere Gemeinschaft ist groß. Und sie ist stark." (Z. 47–48)	Publikum wird informiert
„[...] die auf der ganzen Welt bekennen: Wir sind Charlie!" (Z. 57–58)	Publikum wird aufgeklärt

b z. B.: Am 9. Januar 2015 hielt Bundespräsident Joachim Gauck im Schloss Bellevue in Berlin eine Rede. Anlass der Rede war das Attentat auf die Redaktion der französischen Satirezeitschrift „Charlie Hebdo". Thematisch geht es um die gemeinsame Bewahrung der Freiheitsrechte.
Der Bundespräsident bezeichnet in seiner Rede zum Neujahrsempfang das Attentat in Paris als einen Angriff auf die Freiheit und damit auf die demokratische Gesellschaft. Er ruft die Bürger auf, die Freiheitsrechte zu bewahren und sich nicht durch Hass spalten zu lassen. Joachim Gauck plädiert für eine Gesellschaft, in der alle Menschen friedlich miteinander leben können. Zum Abschluss der Rede bekundet er seine Solidarität mit Frankreich und den Familien der Opfer.
Untersucht man die sprachliche Gestaltung der Rede, so fällt auf, dass der Bundespräsident fast ausschließlich die Personalpronomen „wir" (z. B. Z. 9, 15, 20) „unsere " (z. B. Z. 2, 18) „uns " (z. B. Z. 17, 35) verwendet. Dies soll bei den Zuhörern sowohl das Gemeinschaftsgefühl untereinander als auch die Verbundenheit (Solidarität) mit den europäischen Partnern stärken. Der Gebrauch dieser Pronomen gipfelt in dem Satz „Wir sind Charlie!", der als Wahlspruch für das neue Zusammengehörigkeitsgefühl gedeutet werden kann.
Der Bundespräsident will seine Zuhörer nicht nur informieren und aufklären. Er appelliert vor allem an die Solidarität und daran, an den Idealen der Freiheit festzuhalten und diese zu bewahren.

Seite 28

Eine Kurzgeschichte interpretieren – „Ich sehe dich!"

1 z. B.: Die Kurzgeschichte „Ich sehe dich!" wirkt trotz des schwierigen Krankheitsfalls des Vaters leicht und freudig. Das liegt vor allem an dem sehr humor- und liebevollen Gefühl der Ich-Erzählerin/des Ich-Erzählers für den Vater.

2 Antwort C trifft das Thema der Kurzgeschichte.

3 Der/Die Ich-Erzähler/-in besucht *den Vater, der nach einem Schlaganfall in einem Pflegeheim liegt. Er/Sie erwartet, dass der Vater ihn/sie erkennt.* Als er/sie in sein Zimmer kommt, *liegt der Vater auf dem Bett.* Nachdem der/die Ich-Erzähler/-in das Fenster geöffnet hat, *wendet er/sie sich dem Vater zu. Er/Sie tauscht Blicke mit ihm und sogar ein Lächeln huscht über sein Gesicht.* Folglich erkennt er ihn/sie und ohne Worte „unterhält" er sich mit seinem Sohn/seiner Tochter. Schließlich schläft *der Vater* ein. Der/Die Ich-Erzähler/-in verlässt *das Zimmer.* Die Art, wie er/sie sich mit ihm verständigt, *bleibt von der betreuenden Krankenschwester unbemerkt und somit ein Geheimnis zwischen Vater und dem/der Ich-Erzähler/-in.*

Seite 29

4 z. B.:

vor dem Besuch (Z. 1–14)	nach dem Besuch (Z. 105–116)
Der/Die Ich-Erzähler/-in ist ängstlich und natürlich gespannt auf die Begegnung mit dem Vater.	Der/Die Ich-Erzähler/-in ist glücklich über die gelungene Kommunikation mit dem Vater.
Zitat: „Aber sie irrt sich. Natürlich kennt er mich. Sie verwechselt da einfach etwas [...]. Aber mich kennt er. Besser als je zuvor." (Z. 8–12)	Zitat: „Sie [die Krankenschwester] erstaunt mich erneut. Wie leicht die Menschen zu täuschen sind! Ich schlage die Augen nieder und gehe schweigend zum Ausgang. Sie wird es für Betroffenheit halten. Dabei soll sie nur nicht die Lichtblasen entdecken, die ich in meinen Augen mit raus schmuggle. Das bleibt unser Geheimnis." (Z. 111–116)

5 a richtige Aussagen: B, C; falsche Aussagen: A, D, E, F
   b A Schwester Anne hat wenig Verständnis für den Vater.
   D Der Vater ist nicht in der Lage zu sprechen.
   E Der/Die Ich-Erzähler/-in und Schwester Anne sind nicht derselben Ansicht in Bezug auf den Vater.
   F Der/Die Ich-Erzähler/-in gelingt es auch ohne Worte, eine enge Verbundenheit zum Vater zu zeigen.

6 z. B.: Aussage B passt besser zur Kurzgeschichte „Begegnung auf Augenhöhe", da beide Figuren und deren Emotionalität angesprochen werden. Obwohl der Vater vermeintlich stumm und nahezu reglos ist, gelingt es den beiden durch den Austausch von Blicken in eine gefühlvolle Kommunikation zu treten.

7 Der Titel der Erzählung signalisiert, dass sich der/die Ich-Erzähler/-in dem nonverbalen Kommunikationsverhalten des Vaters anpasst und ihm daher auf Augenhöhe begegnet. Zudem verweist er darauf, dass hier ein „Gespräch" durch den Austausch von Blicken erfolgt.

Seite 30

Wie sich mitteilen? – Die Kommunikation untersuchen

1 zutreffende Aussagen: B, E; nicht zutreffende Aussagen: A, C, D

2 a Textstellen, in denen es um die Kommunikation der beiden geht:
   Z. 9–12: [...] er kennt keine Namen und keine Wörter mehr, keine Sprache, kein Gestern und kein Morgen. Aber mich kennt er. Besser als je zuvor.
   Z. 29–30: [...], wendet er sich mir zu. Sein Blick ist leise.
   Z. 31–44: „Guten Tag", sagen seine Augen. „Ich sehe dich." Die Worte wandern durch das Regenlicht, suchen sorgfältig ihren Weg durch die schwirrenden Gedanken. Bis sie sich wie zufällig vor meinen Augen niederlassen. Etwas überrascht sehen sie aus, diese Worte, aber freundlich und zutraulich. Ich nehme sie schüchtern in Empfang, weise ihnen den Weg zu meinem Herzen und zeige ihnen dort ihren Platz. „Guten Tag", sagen dann auch meine Augen. „Ich sehe dich auch." Die Antwort ist scheu. Traut sich nicht so recht heraus. Verweilt ein wenig an der Deckenlampe, bevor sie zögernd auf ihn herabsinkt. Immer zur Flucht bereit, eine falsche Bewegung reicht, um sie zu verjagen.
   Z. 46–52: Lässt die Antwort kommen und betrachtet sie mit einer Mischung aus Erstaunen und Neugierde. Sie scheint ihm zu gefallen. Sein Herz öffnet sich zu einer weiten samtigen Lounge, in der sich die Worte bequem niederlassen. Es ist ein guter Tag. Dann ist erst mal genug Zwiesprache gehalten.
   Z. 67–78: Seine Augen haben wieder die Stimme erhoben. „Ich sehe dich", sagen sie. Und schweigen erneut einladend. Diesmal kommt die Antwort schon mutiger. „Ich sehe dich auch", erwidert mein Blick. Ich nehme die Einladung an, vielen Dank. Ein leises Lächeln huscht über seine Züge. Schalkhaft, verschmitzt. Dann: ungläubiges, hoffnungsfrohes Erstaunen: „Du siehst mich." Das Erkennen hüpft aufgeregt über die glattgestrichene Bettdecke. Tollt wie ein junges Lamm über die abwaschbare Tapete und das hygienische Linoleum.
   Z. 87–93: Aus seinen lachfaltigen Augen blubbern ebenfalls Lichtblasen. Hellgelb und hellblau, wolkenduftig wie ein Wald im Frühling. Wir sehen den Lichtwolken zu. Sie umkreisen einander, verschmelzen, bilden farbenfrohe Gedanken, Erinnerungen, Lieder. Lange. Bis sein Blick sich müde verschleiert. Das Blubbern wird leiser. Die Augenlider sinken zu.
   b z. B.: – „Guten Tag", sagen dann auch meine Augen. „Ich sehe dich auch." (Z. 39–40)
   – Die Antwort ist scheu. Traut sich nicht so recht heraus. Verweilt ein wenig an der Deckenlampe, bevor sie zögernd auf ihn herab sinkt. Immer zur Flucht bereit, eine falsche Bewegung reicht, um sie zu verjagen. (Z. 40–44)
   – Seine Augen haben wieder die Stimme erhoben. „Ich sehe dich", sagen sie. Und schweigen erneut einladend. (Z. 67–69)

3 Der/Die Ich-Erzähler/-in schildert die *Begegnung* und die gelingende *Verständigung* zwischen sich und dem Vater. Obwohl der Vater sich kaum bewegen und nicht mehr sprechen kann, kommuniziert er auf *nonverbale* Weise. Er tauscht *Blicke* mit mit dem/der Ich-Erzähler/-in aus und ein *Lächeln* huscht über sein Gesicht. So versteht er/sie, dass der Vater ihn/sie erkennt und ein wortloses *Gespräch* hält. Darüber freut er/sie sich sehr. Die gelungene Kommunikation bleibt das beglückende *Geheimnis* der Ich-Erzählerin/des Ich-Erzählers. Auch der Titel der Erzählung zeigt, dass sich der/die Ich-Erzähler/-in und der Vater als ebenbürtige *Gesprächspartner* begegnen, obwohl sich der Professor nur noch mit den *Augen* mitteilen kann. Ihre Art der Verständigung zeigt, dass sie trotz allem eine enge und liebevolle *Beziehung* miteinander führen.

Seite 31

„Lichtblasen in meinen Augen" – Sprachliche Bilder und ihre Wirkung analysieren

1 a, b

Zitat (Zeilenangabe)	sprachliches Bild	Wirkung
A „Die Decke liegt glatt über seinem verwelkten, abgemagerten Körper." (Z. 15–17)	Metapher	Die Metapher stellt den kranken Vater (wie verwelktes Laub) als alt und kraftlos dar.
B „Ein paar gelangweilte Staubkörner haben sich darauf niedergelassen." (Z. 20–22)	Personifikation	Indem die Staubkörner als gelangweilt bezeichnet und so vermenschlicht werden, wird deutlich, dass in dem Zimmer nicht viel passiert und der Vater reglos dort liegt.
C „Das Erkennen hüpft aufgeregt über die glattgestrichene Bettdecke. Tollt wie ein junges Lamm über die abwaschbare Tapete und das hygienische Linoleum." (Z. 75–78)	Personifikation Vergleich	Die Personifikation zeigt durch den Vergleich mit dem jungen Lamm, wie glücklich und erfreut die gelungene Verständigung die beiden macht.
D „Sein Herz öffnet sich zu einer weiten samtigen Lounge, [...]" (Z. 49–50)	Personifikation Metapher	Die Metapher verdeutlicht, wie angenehm die Verständigung gelingt.
E „Aus seinen lachfaltigen Augen blubbern ebenfalls Lichtblasen. Hellgelb und hellblau, wolkenduftig wie ein Wald im Frühling." (Z. 87–89)	Personifikation Metapher Vergleich	Die Kommunikation ist lebhaft. Dies zeigt das Verb „blubbern". Die Lichtblasen stehen hier als Metapher für die wortlose Kommunikation der beiden. Der Vergleich mit einem Wald im Frühling soll die Fröhlichkeit, Leichtigkeit der Kommunikation verdeutlichen.
F „Die Worte wandern durch das Regenlicht, suchen sorgfältig ihren Weg durch die schwirrenden Gedanken." (Z. 32–35)	Personifikation Metapher	Die Vermenschlichung der Worte durch die Personifikation lässt sie wie Vermittler/Boten zwischen Vater und Tochter/Sohn wirken.

c z.B.

Zitat (Zeilenangabe)	sprachliches Bild	Wirkung
„Guten Tag", sagen seine Augen. (Z. 31)	Personifikation	Die wortlose Kommunikation über die Augen zeigt, wie vertraut die Gesprächspartner sind.
„Die Worte dampfen aus den Besuchergrüppchen wie der Morgennebel aus einer feuchten Wiese." (Z. 65–67)	Vergleich	Der Vergleich mit dem Morgennebel verdeutlicht, wie lebendig und gesprächig es draußen zugeht im Gegensatz zum stillen Gespräch im Zimmer.
„Mein Herz schnurrt vor Wonne kleine, birkengrüne Wolken." (Z. 83–84)	Metapher	Die positiv besetzte Verwendung des Wortes „Wolken" als Metapher für Erinnerungen zeigt, wie freudig der/die Ich-Erzählerin/-in über die „Gesprächigkeit" des Vaters ist und welche Gefühle/Erinnerungen diese Fröhlichkeit auslöst.

2 z. B.: In Charlotte Dreßens Kurzgeschichte „Begegnung auf Augenhöhe" finden sich sprachliche Bilder wie Metaphern, Vergleiche und Personifikationen.
Sie stellen bildhaft die Situation des kranken Vaters und die Kommunikation zwischen ihm und dem/der Ich-Erzähler/-in dar. Die vielen sprachlichen Bilder in der Kurzgeschichte führen dazu, dass die Situation, die inneren Vorgänge der Figuren, die Verständigung zwischen beiden lebendiger, anschaulicher und intensiver wird. Zumal die äußere Handlung der Kurzgeschichte verknappt ist auf Blicke und wenige Bewegungen im Raum. Die innere Handlung jedoch wird bereichert und der bewegungslose Vater wird zu einem lebhaften Gesprächspartner.
Die sprachlichen Bilder vermitteln den Eindruck, dass eine aktive und innige Verständigung stattfindet. Man kann sich durch den Einsatz der sprachlichen Mittel sehr gut vorstellen, was die beiden Figuren verbindet und wie vertraut sie miteinander kommunizieren.

Seite 33

Eine Dramenszene lesen und verstehen – „Mutter Courage" (Ende Bild 1)

1 a richtige Aussage: A, C ; falsche Aussagen: B, D
b B Eilif versteht die Warnung der Mutter nicht und lässt sich für den Krieg anwerben.
D Mutter Courage nimmt das Angebot des Werbers nicht an, ihre Kinder als Soldaten auszubilden.

Seite 34

Reingelegt und abgeworben! – Eine Dramenszene untersuchen (Teil 1)

1 z. B.:

Textstelle	Absicht der Figuren
„Verwickel sie in einen Handel." (Z. 62–63)	Der Werber möchte, dass der Feldwebel Mutter Courage ablenkt, um Eilif anwerben zu können.
„Du willst vom Krieg leben, aber dich und die Deinen willst du draußen halten, wie?" (Z. 111–112)	Der Feldwebel will neue Soldaten anwerben. Er möchte nicht sterben und schickt deshalb anderen an die Front.
Mutter Courage *steht ganz still*, dann: „Du einfältiger Mensch." *Zu Kattrin*: „Ich weiß, du kannst nicht reden, du bist unschuldig." (Z. 106–108)	Mutter Courage will ihre Kinder vor dem Krieg bewahren und ist deshalb entsetzt, dass Eilif sich anwerben lässt. Sie begreift, dass Kattrin sie auf den Werber aufmerksam machen wollte.

2 anwesend sind:
a Mutter Courage und ihre Kinder: Kattrin, Eilif und Schweizerkas
b der Werber und der Feldwebel
   Sie verfolgen die Ziele:
a Mutter Courage möchte ihre Kinder vor dem Krieg bewahren (z. B. Z. 21–23)
b nutzen einen Vorwand, um Mutter Courage in einen Handel zu verwickeln und sie damit abzulenken, sodass sie ungestört
   Eilif für den Krieg anwerben können (z. B. Z. 63–66)

hinter dem Wagen	vor dem Wagen
Sie will Handel treiben, da sie ihren Lebensunterhalt für sich und die Kinder durch den An- und Verkauf von Waren bestreitet. „Ich fühl mich gar nicht wohl." (Z. 60) – Immer halt ich mich dahint." (Z. 82–83) → Lockt Mutter Courage durch einen Vorwand („Wind", „zugig", Z. 70, 73) hinter den Wagen, um sie abzulenken, damit der Werber sich aktiv um die Kinder kümmern bzw. anwerben kann.	Er lockt Eilif mit Geld und mit der Aussicht, dass er für den König kämpfe und Ansehen bei den Frauen erlange. Schließlich dürfe er den Werber auch „in die Fresse hauen" (Z. 96), da er ihn beleidigt habe. Kattrin will die Mutter warnen, indem sie raue Laute ausstößt (Z. 98–99). Schweizerkas reagiert gar nicht. Er scheint einfältig zu sein (Z. 106–107).

3 z. B.: Der Feldwebel meint, dass Mutter Courage durch ihre Geschäfte nicht nur vom Krieg profitieren könne, sondern dass sie dem Krieg auch etwas geben müsse. In diesem Falle ihre Kinder als Soldaten, die im Krieg kämpfen sollen.

Seite 35

Alles nur ein Trick! – Eine Dramenszene untersuchen (Teil 2)

1

	Eilif	Schweizerkas	Kattrin
1 Welche „schrecklichen" (Z. 9) Eigenschaften gibt ihnen ihre Mutter?	… ist zu kühn, d.h., er ist abenteuerlustig und waghalsig	… ist zu einfältig, d.h., er ist gutgläubig und dumm	… ist zu gutmütig, sie ist gutherzig und nachgiebig
2 Welchen Ratschlag erhalten sie von ihrer Mutter?	Sei klug und lach! Das bedeutet: Geh nicht in den Krieg und lass dich von den Beschimpfungen nicht provozieren.	Sei redlich! Das bedeutet: Sei ehrlich und rechtschaffen.	Halt dich still! Das bedeutet: Bleib unbemerkt.
3 Was geschieht, wenn sie den Ratschlag ihrer Mutter befolgen?	Er bleibt bei der Mutter, begibt sich nicht in Lebensgefahr und bleibt am Leben.	Er bleibt ehrlich und kann überleben.	Sie bleibt für andere Menschen „unsichtbar" und kann den Krieg überleben.
4 Was geschieht, wenn sie den Ratschlag ihrer Mutter missachten?	Er wird in den Krieg ziehen und sterben.	Er wird wegen seiner Unredlichkeit bestraft oder er wird im Krieg sterben.	Andere Menschen könnten auf sie aufmerksam werden und sie umbringen.

2 z. B.: Ich stimme Aussage B zu, weil sie umfassender ist. Sie nimmt nicht nur die Sorge der Mutter um ihre Kinder in den Blick, sondern auch generell die Sinnlosigkeit des Krieges. Hierbei handelt es sich um eine Sorge um das Allgemeinwohl aller Menschen.

Seite 36

Ein politisches Gedicht untersuchen – „Ich hatte einst …"

1 richtige Aussage: C

Seite 37

„Das Gedicht besteht …" – Inhalt, Form und Sprache untersuchen

1

Strophe 1	Die erste Strophe handelt davon, dass das lyrische Ich wie der Dichter Heine das geliebte Vaterland verlassen musste.
Strophe 2	Hier wird beschrieben, dass im Krieg alles Schöne und Bewundernswerte zerstört wurde.
Strophe 3	Die dritte Strophe thematisiert, dass die Nachtigallen geflohen sind, während die Geier bleiben.
Strophe 4	Hier wird beschrieben, dass das Vaterland nicht mehr so sein wird wie vorher, selbst wenn der Krieg beendet ist und wieder Frieden herrscht.
Strophe 5	In der fünften Strophe geht es darum, wie sich das lyrische Ich fühlt.

2 b Das Gedicht besteht aus *fünf* Strophen, die über je *vier* Verse verfügen. Das Reimschema ist *unregelmäßig*. In der ersten Strophe liegt ein *umarmender Reim (abba)* vor, die zweite und dritte Strophe weisen *einen Paarreim (aabb)* auf. In der vierten Strophe reimen sich jeweils nur noch der *zweite und vierte* Vers. Als Metrum lässt sich überwiegend der *Jambus (unbetonte/betonte Silbe)* bestimmen. Diese teilweise ungeordnete und nicht einheitliche Form des Gedichts drückt die Konfliktsituation und emotionale Erschütterung aus, die das lyrische Ich empfindet und die einen wohlgeformten *lyrischen* Text nicht mehr zulässt.

3 a richtige Zuordnung: A – 2, B – 3, C – 1, D – 4
b Versangaben: A – 13 und 14, 17 und 18; B – 5; C – 9 und 11; D – 19 und 20

Seite 38

„Röslein auf der Heide" – Sprachbilder analysieren

1 z.B. Sehnsucht, Trauer, Wehmut

2 Röslein auf der Heide (V. 7): Das Röslein auf der Heide steht für die Unschuld des Vaterlandes vor dem Krieg. Das sprachliche Bild spielt auf Goethes Gedicht „Heidenröslein" an.
Das fraß **die Pest,** das ist im **Sturm** zerstoben. (V.6): Mit Pest und Sturm ist die nationalsozialistische Gewaltherrschaft gemeint, die sich zerstörerisch auf Deutschland auswirkt.

3 Die Nachtigallen …
… verstummen, so wie die Dichter der Zensur (einem Schreibverbot) ausgesetzt sind.
… symbolisieren die Dichter im Exil.
Die Geier …
… stehen metaphorisch für die Nationalsozialisten und Kämpfer im Zweiten Weltkrieg.
… ziehen über die Gräberreihen der vielen Todesopfer.
… schreien wie die Meinungsmacher der Nationalsozialisten (NS-Propaganda).

4 richtige Aussage: A, B; falsche Aussage: C

5 z. B.: Die Metapher veranschaulicht den Gefühlszustand des lyrischen Ichs, da das Herz als der emotionale Mittelpunkt des Menschen angesehen werden kann.
Es entsteht der Eindruck, dass das lyrische Ich unter der Trennung (Emigration) von der Heimat und somit an gebrochenem Herzen leidet.

Grammatik

Seite 39

Das kann ich schon! – Rund um Nomen und Verb, Sätze und Satzglieder

1 a (1) nächste, unserem Schulwandertag (2) würde sich, diesen (3) die Klasse

b (1) Wir planen in der nächsten Woche aus Anlass unseres Schulwandertages einen interessanten Ausflug nach Trier. (2) Wir und unser Klassenlehrer würden uns freuen, wenn Sie uns als Klassenpflegschaftsvorsitzender auf diesem Ausflug begleiten würden. (3) Könnten Sie der Klasse eine schnelle Antwort zukommen lassen?

(je richtige Lösung 1 Punkt; höchste Punktzahl: 6 Punkte)

c
Personalpronomen	Possessivpronomen	Demonstrativpronomen
wir, Sie, uns	unseres, unser	diesem

(je richtige Lösung 1 Punkt; höchste Punktzahl: 6 Punkte)

2 a
Präsens	Präteritum	Plusquamperfekt	Futur
danke solltet [...] melden	musste [...] verlegen	entschieden hatte	werdet [...] starten gebraucht [...] wird

(je richtige Lösung 1 Punkt; höchste Punktzahl: 6 Punkte)

b Aktivformen: danke, hatte entschieden, musste verlegen, werdet starten, solltet melden
Passivformen: gebraucht wird

(je richtige Lösung 1 Punkt; höchste Punktzahl: 6 Punkte)

Seite 40

2 c (5) Falls ihr noch Geld benötigt, könnte ich den Förderverein um eine Spende bitten.

(je richtige Lösung 1 Punkt; höchste Punktzahl: 1 Punkt)

d (6) Meine Freundin hat mir gesagt, sie ⟨kenne⟩ sich in Trier gut aus und ⟨könne⟩ euch Tipps geben.

(je richtige Lösung 1 Punkt; höchste Punktzahl: 2 Punkte)

3 a 3 Adjektivattribute: wichtigste (4), römische (4), günstiges (5)
2 Genitivattribute: des Amphitheaters (2), der Altertümer (5)
1 Relativsatz als Attribut: die uns nützen können (1)

(je richtige Lösung 1 Punkt; höchste Punktzahl: 6 Punkte)

b Zuerst besichtigen wir die Porta Nigra, da sie in Trier das wichtigste römische Gebäude ist.

(je richtige Lösung 1 Punkt; höchste Punktzahl: 1 Punkt)

c Wir suchen noch ein günstiges Restaurant, nachdem wir die Altertümer besichtigt haben.

(je richtige Lösung 1 Punkt; höchste Punktzahl: 1 Punkt)

d
Zuerst *Adv. Best. der Zeit*	besichtigen *Prädikat*	wir *Subjekt*	die Porta Nigra. *Akkusativobjekt*
Wir *Subjekt*	besichtigen *Prädikat*	zuerst *Adv. Best. der Zeit*	die Porta Nigra. *Akkusativobjekt*
Die Porta Nigra *Akkusativobjekt*	besichtigen *Prädikat*	wir *Subjekt*	zuerst. *Adv. Best. der Zeit*

(je richtige Lösung 1 Punkt; höchste Punktzahl: 8 Punkte)

Seite 41

Rund ums Nomen – Richtig formulieren

Kasus und Numerus bei Präpositionen

1 a, b, c, d ... wir sind Schüler an *einer Gesamtschule* in Köln (Dativ) und möchten anlässlich *unseres Schulwandertags* (Genitiv) einen Klassenausflug nach Trier machen. Die Porta Nigra und auch die Basilika des Konstantin stehen auf *unserem Programm* (Dativ). Meine Mitschüler und ich möchten wissen, ob wir als Schulklasse an *diesem Tag* (Dativ) freien Eintritt für *alle Sehenswürdigkeiten* (Akkusativ) bekommen.
Meine Klasse und ich wären Ihnen sehr dankbar, wenn Sie uns möglichst schnell, spätestens aber innerhalb *der nächsten Woche* (Genitiv), antworten könnten.
Wir freuen uns sehr auf *diesen Klassenausflug* (Akkusativ) in *Ihrer Stadt* (Dativ).
Wir danken Ihnen schon jetzt für *Ihre Mühe*! ...

2 z. B.: Wegen des schlechten Wetters (Genitiv) musste der Ausflug abgesagt werden.

Seite 42

3 a, b

Liebe Klasse 10 a, die Stadt Trier und das Verkehrsamt freut sich sehr, dass ihr einen Ausflug nach Trier unternehmen wollt. Auf Grund dem großen Touristenaufkommen an den meisten Wochenenden ist ein Besuch außerhalb diesen großen Stoßzeiten zu empfehlen. Der Eintritt für die meisten römischen Sehenswürdigkeiten und ein Besuch des Doms ist für Schülerinnen und Schüler mit einen gültigen Schülerausweis kostenfrei. Die meisten Restaurants sind während die Woche nicht überfüllt, sodass die große Anzahl an Plätzen ausreichen.	freuen sich (falscher Numerus) auf Grund des (falscher Kasus), hohen außerhalb dieser (falscher Kasus) sind (falscher Numerus) mit einem (falscher Kasus) während der (falscher Kasus), fast alle ausreicht (falscher Numerus)

4 **falsche** Sätze: A, A, B, A, A, A, B, B

Seite 43

Pronomen richtig anwenden

1 a, b, c

Unseren Klassenausflug nach Trier wird *unsere* Klasse so schnell nicht vergessen. ~~Unsere Klasse~~ versammelte sich am frühen Morgen im Kölner Hauptbahnhof. *Das* war eine große Aufregung! Denn einem Mädchen aus unserer Klasse war die Geldbörse gestohlen worden. Sie suchte überall. Schließlich fand die Polizei sie. Auf einen *solchen* Start hätte unsere Klasse gerne verzichtet. Trier hat ~~die Klasse~~ dann aber für *diesen* Auftakt entschädigt. Die Porta Nigra beeindruckte unsere Klasse ganz besonders. *Dieses* Stadttor aus römischer Zeit ist fantastisch erhalten. Wir haben sie von allen Seiten fotografiert. Auch durfte der Spaß nicht zu kurz kommen. *Unser* Kassenlehrer gab ~~der Klasse~~ genügend Freizeit, sodass ihm wirklich nichts im Wege stand. Die Rückfahrt *unserer* Klasse verlief ohne Probleme. Ende gut – alles gut!	Unsere Klasse = Sie (Wdh) sie = die Geldbörse (Bz) die Klasse = uns (Wdh) sie = die Porta Nigra (Bz) der Klasse = uns (Wdh) ihm = dem Spaß (Bz)

Seite 44

Teste dich! – Auf Kasus, Numerus und Ausdruck achten

1 a in dieser Reihenfolge einzutragen: *Ihrer guten Information, Ihren guten Rat, unserer Planung, der vielen Touristen*

(je richtige Lösung 1 Punkt; höchste Punktzahl: 4 Punkte)

b zutreffende Formulierungen: 1 – B, 2 – A, 3 – B

(je richtige Lösung 1 Punkt; höchste Punktzahl: 3 Punkte)

c Der Ausflug nach Trier hat uns allen sehr gefallen. *Der Ausflug → Er* war auch deshalb so schön, weil wir großes Glück mit dem Wetter hatten. *Das Wetter → Es* zeigte sich wirklich von seiner besten Seite. Die Stadt Trier ist allen Klassen als Reiseziel zu empfehlen. Denn *die Stadt Trier → sie* bietet für jeden eine Fülle an Attraktionen. *Die Attraktionen → Diese* kann man an einem Tag gar nicht alle besichtigen.

(je richtige Lösung 1 Punkt; höchste Punktzahl: 8 Punkte)

Seite 45

Rund ums Verb – Schulleben

Mit Synonymen abwechslungsreich und treffend formulieren

1 in dieser Reihenfolge einzutragen: *bitten* Sie, *zur Verfügung zu stellen, anbringen, aufbauen, garantiert, zustößt, verunstalten*

2 Wir bitten um Genehmigung einer Schulfete im nächsten Monat. Wir schlagen den Zeichensaal als Veranstaltungsort vor. Wir *empfehlen* außerdem, einen Sicherheitsdienst einzusetzen. Weiterhin *regen* wir *an*, ob nicht zur Kostendeckung der Party ein Eintrittsgeld von 5,00 Euro erhoben werden soll. Wir würden uns sehr freuen, wenn Sie uns bei unserem Vorhaben unterstützen würden. So könnten Sie uns in der Schulkonferenz *helfen*, indem Sie unseren Antrag gegenüber den Teilnehmern der Schulkonferenz *befürworten* würden.

Seite 46

Das Tempus des Verbs richtig anwenden

1 in dieser Reihenfolge einzutragen: *befragt hatte, fragte, stimmten zu, weiß, befürworten wird, habe, las, feierten, gehört hat-ten, haben alles richtig gemacht, spendeten, findet*

2 richtige Aussagen: A, D; falsche Aussagen: B, C

Seite 47

Aktiv oder Passiv – Die Handelnden oder den Vorgang betonen

1 a 1) Die Veranstaltung begann um 18:00 Uhr. (2) Eingeladen worden waren alle 10. Klassen.
(3) Von den Organisatoren wurde ein Eintrittsgeld von 5 Euro pro Schülerin/Schüler erhoben.
(4) Insgesamt wurden 750 Euro eingenommen.
(5) Von den Eltern sind zusätzlich noch einmal 500 Euro gespendet worden.
(6) Wir haben nach Abzug aller Kosten für Getränke und Speisen einen Erlös von 700 Euro erzielt.
(7) Leider wurde bei der Party eine Wandseite mutwillig durch Fußspuren verunreinigt, sodass
wir für den Neuanstrich noch einmal ca. 50 Euro für Farbe veranschlagen müssen.
(8) 650 Euro können demnach für einen guten Zweck gespendet werden.
b (3) Die Organisatoren erhoben ein Eintrittsgeld von 5 Euro pro Schülerin/Schüler.
(8) Wir können demnach 650 Euro für einen guten Zweck spenden.
c (6) Von uns ist nach Abzug aller Kosten für Getränke und Speisen ein Erlös von 700 Euro erzielt worden.

2 richtige Antworten: A, C, D

Seite 48

Den Konjunktiv I erkennen und anwenden

1 a (1) In unserem Interview erklärte Frau Nina Lind als aussichtsreichste Kandidatin für die Nachfolge als Schulleiterin an un-serer Schule, sie habe großes Interesse, bei uns Schulleiterin zu werden. (2) „Zuerst habe ich den wundervollen Altbau ge-sehen, als ich eure Schule zum ersten Mal kennen gelernt habe", meinte sie. (3) „An meiner alten Schule nehme ich derzeit die Position der Unterstufenkoordinatorin ein." (4) Frau Nina Lind zeigte sich sehr interessiert an unserer Schülerzeitung und fragte uns, wie lange wir an unserer Schule schon eine Schülerzeitung besäßen. (5) Sie betonte außerdem: „Die AGs werde ich besonders fördern." (6) Sie werde versuchen, das Schulleben bunt und abwechslungsreich zu gestalten. (7) Die Kandidatin machte auf uns einen sehr guten Eindruck.
b (2) Zuerst habe sie den wundervollen Altbau gesehen, als sie unsere Schule zum ersten Mal kennen gelernt habe. (3) An ihrer alten Schule nähme sie derzeit die Position der Unterstufenkoordinatorin ein. (5) Sie betonte außerdem, die AGs werde sie besonders fördern.
c Frau Lind fragte uns: „Wie lange besitzt ihr schon an eurer Schule eine Schülerzeitung?"

Seite 49

Eine Schule in Tansania – Der Konjunktiv I in der indirekten Rede

1 a, b (Konjunktiv I: umkreist)
Herr Babu erklärte, er arbeite seit mehr als zehn Jahren vor allem an sportpädagogischen Programmen.
Er meinte, er halte Sport für besonders wichtig. Die Kinder seien oft krank und würden dringend eine körperliche Stär-kung brauchen.
Herr Babu führte aus, dass der Schulunterricht wegen der großen Hitze sehr früh anfange. Viele Schülerinnen und Schü-ler hätten einen mehr als 15 km langen Fußmarsch zur Schule zurückzulegen. Sie müssten deshalb bereits mitten in der Nacht aufstehen. Bevor sie zur Schule gehen würden, könnten sie nicht einmal frühstücken. Auch in der Schule gebe es für sie leider keine ausreichende Verpflegung. Trinkwasser würden sie aus einem Brunnen holen, der aber nicht immer Wasser führe.

2 A Viele hätten auch ihre Eltern vor allem durch Aids verloren.
B Ein Schulbesuch sei dann nicht mehr möglich.
C Häufig müssten die Kinder in den Familien aushelfen.
D Viele der Schüler würden aus sehr armen Verhältnissen stammen.

3 z. B.: Herr Babu meinte, er [Anm.: der Sportunterricht] werde als Zeitverschwendung angesehen.

Seite 50

Über Schulen in Afrika – Der Konjunktiv I in der indirekten Rede

1 Antwort 1: jedes 3. Kind nicht in Schule, über 45 Millionen Analphabeten, kein Chance aus Armut zu entkommen, Antwort 2: schlimme Situation auf dem Land, wenige Schulen, langer Schulweg, Antwort 3: harte Bedingungen für Mädchen, frühe Mutterrolle, Kinderheirat

2 a, b (Konjunktiv I, II und würde-Ersatzform: umkreist)
z. B.: In unserem Interview mit dem Afrikaexperten Mark Lang führte dieser aus, dass in Afrika jedes dritte Kind nicht zur Schule gehe. Das bedeute, dass über 45 Millionen Kinder Analphabeten bleiben würden. Sie hätten überhaupt keine Chance, dem Teufelskreis aus fehlender Bildung, Armut, Hunger und Krankheit zu entkommen. Auf unsere Frage, wo die Not am allerschlimmsten sei, betonte Herr Lang, dass es in den Städten wie in Kapstadt natürlich recht gut aussehe. Schlimm sei die Situation in den ländlichen Gebieten. Hier gebe es nur wenige Schulen. Sie seien meistens überfüllt und für die Kinder nur schwer zu erreichen. Viele Kinder müssten einen Schulweg von mehreren Stunden auf sich nehmen. Zur Rolle der Mädchen in Afrika unterstrich Mark Lang, sie treffe es besonders hart. Viele ihrer Mütter seien an Aids gestorben. Die Mädchen übernähmen deshalb in der Familie häufig schon sehr früh die Mutterrolle für ihre kleineren Geschwister. Schulausbildung sei da nicht möglich. Oft würden die Mädchen auch schon im Kindesalter verheiratet.

Seite 51

Den Konjunktiv II erkennen und verwenden – Schule in Not!

1 A Es wäre schön, wenn es ausreichend Computer in den Klassen gäbe.
B Es wäre wünschenswert, wenn in den Klassenräumen Whiteboards hängen würden.
C Es wäre zu begrüßen, wenn an den Fenstern Sonnenschutzblenden installiert wären.
D Es wäre gut, wenn alle Schulen große Turnhallen besäßen.
E Es wäre zu begrüßen, wenn die Pausenhöfe Spielmöglichkeiten aufweisen würden.

2 A Der Schulleiter behauptet, sein Personal an Lehrerinnen und Lehrern würde ausreichen.
B Eine Oberbürgermeisterin führte aus, manche Schule könnte in diesem Jahr mit mehr Geld rechnen.

Seite 52

Meine Traumschule – Den Konjunktiv II oder die *würde*-Ersatzform verwenden

1 a,b

In meiner Traumschule gibt es nur nette Lehrerinnen und Lehrer. Sie quälen die Kinder nicht mit Hausaufgaben, sondern singen und spielen am Nachmittag mit ihnen. Die Schülerinnen und Schüler richten ihren Klassenraum selbst ein. Da befinden sich z.B. Sofas und gemütliche Sessel, damit man sich zwischendurch ausruhen kann. Vom Klassenzimmer aus rutschen die Kinder direkt auf den Pausenhof. Dort sind exotische Bäume mit leckeren Früchten und es blühen tropische Blumen in den schillerndsten Farben. Über riesige Klettergerüste können die Schülerinnen und Schüler in die Baumwipfel klettern und von dort sehen sie bis ans Ende der Welt.	gab → gäbe quälten → quälten → würden quälen sangen → sängen, spielten → spielten → würden spielen richteten ein → richteten ein → würden einrichten befanden → befänden konnte ausruhen → könnte ausruhen rutschten → rutschten → würden rutschen waren → wären, blühten → blühten → würden blühen konnten klettern → könnten klettern, sahen→sähen

2 a, b (Konjunktiv II und würde-Ersatzform: umkreist)
A Schön wäre es, wenn *man als Schüler im Unterricht schlafen dürfte* .
B Es wäre gut, wenn *es in Klassenarbeiten nur die Note sehr gut gäbe* .
C In meiner Traumschule *hätten auch Haustiere ihren Platz.*
D In der Turnhalle *würde aus einem Brunnen Limo sprudeln.*
E Im Lehrerzimmer *könnten die Schüler die Lehrer durch ein geheimes Fenster beobachten* .

Seite 53

Die Schule der Zukunft – Den Konjunktiv II oder die *würde*-Ersatzform verwenden

1 A In den Schulen der Zukunft brauchen ... bräuchten (veraltet) ... würden wir mehr Licht und große Bewegungs- und Spielflächen brauchen.
B Der Unterricht fände in vielen Räumen statt, z.B. in Werkstätten, Bühnen und Proberäumen.
C Jede Schule nähme auch behinderte und lernschwache Schülerinnen und Schüler auf.
D Die Schule der Zukunft bot ... böte (veraltet) ... würde ausgewogen Lernen, Toben, Verweilen, Reden, Essen und vieles mehr anbieten.

E Dunkle und hellhörige Flure würden umgebaut.
F Die Lehrkräfte würden nicht als Einzelkämpfer, sondern im Team arbeiten.
G Der Pausenhof gäbe allen die Gelegenheit, sich zu bewegen.
H Die Schule würde zu einem gemeinsamen Ort für Lehrkräfte und Lernende.

2 Herr Kurz behauptet, er hätte diese Idee an unserer Schule bereits durchgesetzt.
Frau Klein meint, es gäbe in Zukunft Tablets und Smartphones statt Buch und Tafel.

Seite 54

Teste dich! – Rund ums Verb

1 a
Unser Schulfest	
Das große Schulfest in unserer Schulaula hat bereits Tradition. Nachdem in den letzten Tagen noch fleißig geübt wurde, konnte es endlich losgehen. Beratungslehrer Hahnenberg meinte vor der Karnevalssitzung, die Schüler hätten ein tolles Programm vorbereitet, auf sie stolz sein könnten. Und tatsächlich: Schon nach der ersten Nummer, einem lustigen Tanz der Klasse 7, hat sich eine großartige Stimmung entwickelt. Ein Vater meinte, es ist schön, wenn seine Gelenke auch noch so funktionieren. Den absoluten Höhepunkt bildete wieder einmal das Lehrerballett, das gleichzeitig auch das Ende der Sitzung bildete. Schulleiterin Möller meinte bedauernd: „Ich habe mittrainiert, kann aber heute nicht auftreten, da mich starke Rückenschmerzen plagen." So gelungen dieses Fest auch war, so gab es doch einen unschönen Vorfall. Trotz des ausdrücklichen Verbots brachte Klaus Müller aus der Klasse 10 Alkohol mit in die Aula. „Einige lernen es nie!", meinte Herr Hahnenberg.	Nachdem die Klassen in den letzten Tagen noch fleißig geübt hatten, … Beratungslehrer Hahnenberg meinte vor der Karnevalssitzung: „Die Schüler haben ein tolles Programm vorbreitet, auf das sie stolz sein können." hatte sich eine großartige Stimmung entwickelt meinte, es sei (wäre) schön, wenn seine Gelenke auch noch so funktionieren würden. einläutete … meinte bedauernd, sie habe mittrainiert, könne aber heute nicht auftreten, da sie starke Rückenschmerzen plagen würden. Trotz des ausdrücklichen Verbots wurde Alkohol mit in die Aula gebracht.

b Die beiden markierten Prädikate (Zeile 1 u. 20) stehen im Präsens, weil *es sich um Daueraussagen handelt.*

2 Bei der indirekten Rede steht der Konjunktiv II, wenn *sich der Konjunktiv I nicht vom Indikativ Präsens unterscheidet,* oder *die würde-Ersatzform, wenn sich die Form des Konjunktivs II nicht vom Präteritum unterscheidet.*

Seite 55

Sätze und Satzglieder – Sich für einen Praktikumsplatz bewerben

Satzglieder bestimmen und verwenden

1 a, b Ich | absolviere | gern | in Ihrer Arztpraxis | in den nächsten vier Wochen | ein Praktikum .
In den nächsten vier Wochen | absolviere | ich | gern | in Ihrer Praxis | ein Praktikum .
Gern absolviere ich in Ihrer Praxis ein Praktikum in den nächsten vier Wochen.
c Wer oder was? Ich = Subjekt, Wen oder was? ein Praktikum = Akkusativobjekt
Wann? in den nächsten vier Wochen = adverb. Best. der Zeit
Wie? gern = adverb. Best. der Art und Weise
Wo? in Ihrer Praxis = adverb. Best. des Ortes

2 z. B.: A Mit großen Erwartungen trete ich das Praktikum in Ihrer Praxis an.
B Ich habe bereits in unserer Schule an mehreren Erste-Hilfe-Kursen teilgenommen.

Seite 56

Adverbiale Bestimmungen verwenden

1 a, b (adverb. Best. des Ortes: unterstrichen; der Zeit: geschlängelt, des Grundes: dick unterstrichen, der Art und Weise: punktiert)
Mein Praktikum machte ich in einer internistischen Praxis. In der Praxis → Dort praktiziert ein fünfköpfiges Ärzteteam. Dieses Team arbeitet schon seit vielen Jahren mit großer Professionalität zusammen. Mit großer Professionalität → Professionell regeln auch die Angestellten die organisatorischen Abläufe der Praxis. Ich konnte aus diesem Grund sowohl kaufmännische als auch medizinische Erfahrungen sammeln. Aus diesem Grund → Deshalb bewerte ich die Zeit meines Praktikums auch sehr positiv. Besonders gut gefiel mir, dass ich schon nach wenigen Tagen im Labor mithelfen durfte. Im Labor → Hier werden vor allem die Blutproben der Patienten ausgewertet und Krankheitsfaktoren bestimmt. In der dritten Woche konnte ich im Empfang u.a. Telefongespräche entgegennehmen und Termine vereinbaren. Der unmittelbare Kontakt mit den Patienten hat mir in der Zeit meines Praktikums besonderen Spaß gemacht.

2 Wann? Mein Entschluss steht *nun* fest.

Ich will *nach Abschluss meiner Schulzeit* einen Beruf im medizinischen Bereich erlernen.

Warum? Ich habe *auf Grund meiner vielfältigen Erfahrungen* eine genaue Vorstellung von meinem späteren Berufsleben.

Womit? Ich werde mich *mit weiteren Praktika* auf meinen weiteren Werdegang vorbereiten.

Wo? Ich beabsichtige, *an der Volkshochschule* meine Fremdsprachenkenntnisse zu verbessern.

Seite 57

Sätze richtig verknüpfen

1 a, b

(2) Ich interessiere mich ...+ (A), denn ich bin ...(Satzreihe)

(B) Ich wäre für eine ... + (5), damit ich meine Urlaubspläne ... (Satzgefüge)

(6) Mein Berufswunsch ist der des ...+ (C), deshalb wäre ein Praktikum bei Ihnen ... (Satzreihe)

(D) Nachdem ich Ihr Angebot ... + (3), habe ich mich sofort bei Ihnen beworben. (Satzgefüge)

(E) Sehr gern würde ich ... + (4), aber in Ihrem Angebot ... (Satzreihe)

(1) Ich habe erste Einblicke ... + (F), weil ich selbst in einem Kreisligaverein ... (Satzgefüge)

2 z. B.: Sehr geehrte Damen und Herren,

nachdem ich Ihr Angebot für ein Praktikum in der Zeitung gelesen habe, habe ich mich sofort bei Ihnen beworben. Ich interessiere mich für ein Praktikum bei Ihnen, denn ich bin sehr sportbegeistert. Mein Berufswunsch ist der des Sportmanagers, deshalb wäre ein Praktikum bei Ihnen für mich sehr bedeutsam. Ich habe erste Einblicke in das Fußballgeschäft gewonnen, weil ich selbst in einem Kreisligaverein in der A-Jugend Fußball spiele und in der Geschäftsstelle unseres Vereins arbeite. Sehr gern würde ich die Sommerferien für die Beschäftigung bei Ihnen nutzen, aber in Ihrem Angebot wird ein anderer Zeitraum vorgeschlagen. Ich wäre für eine baldige Antwort dankbar, damit ich meine Urlaubspläne daraufhin abstimmen kann.

Mit freundlichen Grüßen

Seite 58

Praktikum bei einem Fußballklub (1) – Schachtelsätze und Füllwörter vermeiden

1 a A Die Chance (Hauptsatz Teil 1), falls Sie mich auswählen (Nebensatz), werde ich (Hauptsatz Teil 2), da ich sehr zuverlässig bin (Nebensatz), nutzen (Hauptsatz Teil 3).

B Die Teamarbeit (Hauptsatz Teil 1), die ich in der Schule (Nebensatz Teil 1), wo ich sehr erfolgreich bin (Nebensatz), schon durchführe (Nebensatz Teil 2), reizt mich (Hauptsatz Teil 2).

C Ich sende Ihnen (Hauptsatz Teil 1), wenn Sie möchten (Nebensatz), weitere Unterlagen (Hauptsatz Teil 2), die Sie interessieren (Nebensatz), sehr gern zu (Hauptsatz Teil 3).

b z. B.: A Falls Sie mich auswählen, werde ich die Chance nutzen. Denn ich bin sehr zuverlässig.

B Mich reizt die Teamarbeit. Ich habe sie schon in der Schule, wo ich sehr erfolgreich bin, durchgeführt

C Wenn Sie möchten, sende ich Ihnen sehr gern weitere Unterlagen zu, die Sie interessieren.

2 Wenn Sie mich einstellen, werden Sie mit mir zufrieden sein. Davon bin ich überzeugt.

3 Mir ist ~~übrigens durchaus~~ klar, dass ein ~~derart~~ bekannter Fußballclub unter zahlreichen Bewerbern auswählen kann. Dennoch bin ich der ~~festen~~ Überzeugung, dass meine ~~recht~~ guten Qualifikationen ~~insgesamt wohl~~ ausreichen dürften, damit Sie sich für mich entscheiden.

Seite 59

Praktikum bei einem Fußballklub (2) – Schachtelsätze und Füllwörter vermeiden

1 a, b Sehr geehrte Damen und Herren,

nachdem ich im Abendanzeiger Ihre Anzeige gelesen habe, möchte ich mich auf die von Ihnen angebotene Praktikumsstelle bewerben. In den Sommerferien habe ich eigentlich eine Reise geplant, die mich nach Schottland führen soll. Gern würde ich deshalb in den Herbstferien bei Ihnen arbeiten, obwohl das eine kürzere Zeit ist. Ich glaube, ich bin für diese Aufgabe gut vorbereitet, da ich mich in der Schule bereits häufig mit organisatorischen Arbeiten im Rahmen von Sportfesten und anderen Festivitäten beschäftigt habe. Meine Fremdsprachenkenntnisse habe ich nicht nur in der Schule, sondern auch bei mehreren Auslandsaufenthalten gewonnen. Sie erlauben mir, auch Telefonate aus dem Ausland entgegenzunehmen. Ich fühle mich daher auch für die Zusammenarbeit mit der internationalen Presse gut gewappnet. Es wäre eine sehr große Ehre für mich, bei einem so bekannten Traditionsverein eine Zeitlang mitarbeiten zu dürfen.

Mit freundlichen Grüßen

Seite 60

Mit Attributen und Relativsätzen genau formulieren

1 a, b (Relativsatz: unterstrichen, Genitivattribut: dick unterstrichen, Adjektivattribut: geschlängelt, präp. Attribut: punktiert)
Mein Traumberuf
(1) Als ich noch ein Kind war und Märchen über alles liebte, wollte ich unbedingt einmal eine schöne Prinzessin werden. (2) Wenn ich mir heute vorstelle, ich müsste mein Leben in einem Königshaus verbringen, bekomme ich eine Gänsehaut. (3) Harte Vorschriften, die mich einengen würden, könnte ich nicht ertragen. (4) Der Beruf, welcher mir nun vor Augen schwebt, verlangt strenge Disziplin und den bedingungslosen Einsatz für Menschen, schenkt aber andererseits ein großes Gefühl der Befreiung: Ich meine den Beruf der Krankenpflegerin. (5) Sich um Menschen zu kümmern, die krank und verzweifelt sind, halte ich für die sinnvollste Tätigkeit überhaupt. (6) Sehr gern würde ich in einem durch seine gesellschaftlichen und wirtschaftlichen Nöte am Boden liegenden Entwicklungsland als Krankenpflegerin den Ärmsten der Armen helfen.

2 a (3) Die harten, einengenden Vorschriften könnte ich nicht ertragen.
(5) Sich um kranke und verzweifelte Menschen zu kümmern, halte ich für die sinnvollste Tätigkeit überhaupt.
b (6) Sehr gern würde ich in einem Entwicklungsland, das durch seine gesellschaftlichen und wirtschaftlichen Nöte am Boden liegt, als Krankenpflegerin den Ärmsten der Armen helfen.

Seite 61

dass-Sätze verwenden

1 a, b (Subjektsatz: unterstrichen, Objektsatz: geschlängelt)
A Mir ist klar, dass ich nach meinem Schulabschluss eine Ausbildung als Kfz-Mechatroniker anstrebe.
B Ich weiß nun, dass ich mich in den naturwissenschaftlichen Fächern verbessern muss.
C Ich hoffe, dass ich einen Praktikumsplatz in einer modernen Kfz-Werkstatt bekomme.
D Ich erwarte, dass ich durch das Praktikum in meinem Berufswunsch bestärkt werde.
E Ich glaube, dass ich bei den Vorstellungsgesprächen einen guten Eindruck mache.

2 a, b *Dass* ich als Vorbereitung auf meinen Wunschberuf noch sehr viel lernen muss, ist mir bewusst. Ich habe ein Praktikum durchlaufen, *das* mich in meiner Berufswahl bestärkt hat. (Rs)
Mir ist klar, *dass* für diesen Ausbildungsberuf bestimmte Voraussetzungen gelten.
Das Schulfach, *das* mir am meisten Spaß gemacht hat (Rs), begründet meine Berufswahl.

Seite 62

Mit Adverbialsätzen nähere Umstände ausdrücken

1 a, b (1 *Weil ich später als Diplomkaufmann arbeiten möchte, bewerbe ich mich für diesen Ferienjob. (Kausalsatz) (2) Zurzeit gehe ich auf die Bertolt-Brecht-Gesamtschule, wo ich auch das Abitur machen möchte. (Lokalsatz) (3) Wenn Sie mir die Gelegenheit dazu geben, stelle ich mich Ihnen auch gern persönlich vor. (Konditionalsatz) (4) Sehr gern arbeite ich auch in anderen Abteilungen, damit ich meine Erfahrungen vertiefe. (Finalsatz) (5) Obwohl ich nicht Anwalt werden will, interessiert mich Ihre Rechtsabteilung.(Konzessivsatz) (6) Ich werde mich telefonisch bei Ihnen melden, nachdem ich Nachricht von Ihnen erhalten habe. (Temporalsatz)*

Seite 63

2 a Sie können mich kontaktieren, indem Sie mir eine E-Mail schreiben.
b 1 Indem Sie mir eine E-Mail schreiben, können Sie mich kontaktieren.
2 Sie können, indem Sie mir eine E-Mail schreiben, mich kontaktieren.

3 a, b, c
A Falls Sie in diesem Jahr noch weitere Aushilfsjobs anbieten, bin ich daran interessiert./ Ich bin interessiert, falls Sie in diesem Jahr noch weitere Aushilfsjobs anbieten./ Ich bin, falls Sie in diesem Jahr noch weitere Aushilfsjobs anbieten, daran interessiert. (Konditionalsatz)
B Nachdem ich meinen Schulabschluss gemacht habe, würde ich gern in den Ferien bei Ihnen arbeiten./ Ich würde gern in den Ferien bei Ihnen arbeiten, nachdem ich meinen Schulabschluss gemacht habe./ Ich würde gern, nachdem ich meinen Schulabschluss gemacht habe, in den Ferien bei Ihnen arbeiten. (Temporalsatz)
C Ich möchte bald meine Familie im Ausland besuchen, weil ich meine Sprachkenntnisse verbessern möchte./ Weil ich meine Sprachkenntnisse verbessern möchte, möchte ich meine Familie im Ausland besuchen./ Ich möchte, weil ich meine Sprachkenntnisse verbessern möchte, meine Familie im Ausland besuchen. (Kausalsatz)

4 Ich möchte bei Ihnen jobben, damit ich Geld verdiene. (Finalsatz). Sie können mich am besten erreichen, indem Sie mich unter meiner Mobilnummer anrufen. (Modalsatz)

Seite 64

Teste dich! – Satzbau

1 Viele Schüler jobben in den Ferien, weil sie ihr Taschengeld aufbessern wollen.

(je richtige Lösung 1 Punkt; höchste Punktzahl: 2 Punkte)

2 A a) Ich brauche eigentlich Erholung, dennoch arbeite ich in den Ferien.
  b) Obwohl ich eigentlich Erholung brauche, arbeite ich in den Ferien.
 B a) Ich bewerbe mich erneut, denn meine Erfahrungen in dieser Firma sind gut.
  b) Weil meine Erfahrungen in dieser Firma gut sind, bewerbe ich mich erneut.
 C a) Ich möchte eine Reise machen, darum jobbe ich in den Ferien.
  b) Ich jobbe in den Ferien, weil ich eine Reise machen möchte.

(je richtige Lösung 1 Punkt; höchste Punktzahl: 6 Punkte)

3 Ich werde auf eine Ferientätigkeit verzichten, falls ich den Job nicht bekomme, den ich anstrebe.

(je richtige Lösung 1 Punkt; höchste Punktzahl: 1 Punkt)

4 richtige Aussage: A, falsche Aussage: B

(je richtige Lösung 1 Punkt; höchste Punktzahl: 2 Punkte)

Rechtschreibung

Seite 65

Das kann ich schon! Strategien und Regeln beherrschen

1 Verlängern: der Spind – die Spinde, blind – blinder als, der Stapler – stapeln, klug – klüger als
Zerlegen: die Landschaft – die Länder, der Waldbrand – die Wälder und die Brände, der Flugbegleiter – die Flüge und die Begleiter, die Windkraft – der Wind und die Kraft
Ableiten: die Gräben – der Graben, äußerlich – außen, häkeln – der Haken
Merken: das Chaos, die Geräte, die Chemie

(je richtige Lösung 1 Punkt; höchste Punktzahl: 17 Punkte)

2 a, b die Metalltür – die Metalle, der Werkstoffprüfer – die Werkstoffe, der Angestellte – anstellen, der Brandschutz – die Brände, der Rollladenbauer – rollen, die Schnittmenge – die Schnitte

(je richtige Lösung 1 Punkt; höchste Punktzahl: 12 Punkte)

3 Wörter mit Dehnungs-*h*: ahnen, die Bohrung, ehren, erwähnen, der Fahrer, gähnen, der Hohlraum, ihren, das Jahrtausend, der Kohlenstoff, mahlen, ohne

(je richtige Lösung 1 Punkt; höchste Punktzahl: 12 Punkte)

4 a Der Vogel frisst jetzt, er fraß gestern und er hat gerade wieder gefressen.
  Der Schneider misst mit dem Maßband. Gestern hat er die Maße für ein neues Kleid gemessen.
  Wenn du die Blumen mit der Gießkanne gießt und einen starken Wasserguss auf die Blüten vermeidest, dann sind sie gut gegossen und sehen wieder frisch aus.

(je richtige Lösung 1 Punkt; höchste Punktzahl: 5 Punkte)

 b Den zischenden *s*-Laut schreibt man als ß, wenn die erste Silbe *offen* ist.

(je richtige Lösung 1 Punkt; höchste Punktzahl: 1 Punkt)

Seite 66

5 a, b (Begleiter vor Nomen und Nominalisierungen: unterstrichen, Nominalisierungen: grau markiert)

Frauenfußball in Brasilien
Brasilien ist ein fußballverrücktes Land. Das Besondere ist, dass viele brasilianische Fußballer in der ganzen Welt spielen und sich den Traum erfüllen, die Armut hinter sich zu lassen. Aber warum gibt es so wenige brasilianische Fußballerinnen? Das liegt daran, dass der Frauenfußball in Brasilien keine große Beachtung und Unterstützung erfährt. Das Erfüllen der Fußballträume für Frauen trifft Tag für Tag auf enorme Widerstände. So wurde der Frauenfußball sogar noch 1964 von der Militärregierung verboten, und diese Verordnung blieb bis 1981 in Kraft. Aber auch nach Aufhebung des Verbotes war den Frauen das Nutzen offizieller Fußballstadien verboten, und die Turniere mussten Festivals genannt werden. Dennoch führte das bei den fußballbegeisterten Frauen nicht zum Aufgeben ihrer Freude am Spielen: Als der Frauenfußball 1996 olympisch wurde, gewannen die Brasilianerinnen auf Anhieb den vierten Platz.

(je richtige Lösung 1 Punkt; höchste Punktzahl: 32 Punkte)

6 a, b, c
  In vielen Sportarten sind Frauen heute gleichberechtigt, aber im Frauenfußball ist diese Gleichberechtigung immer noch nicht erreicht. (A) Dass sich etwas geändert hat, liegt an der Hartnäckigkeit der fußballbegeisterten Frauen. (C) Der Män-

nerfußball begann als Elitesportart, der Frauenfußball hat sich dagegen von unten entwickelt (,) und er wird hauptsächlich von Mädchen und Frauen aus armen Bevölkerungsschichten getragen. (A oder B) Die Fußballerinnen müssen sich gegen das Vorurteil wehren, wie Männer sein zu wollen. (D)
Diese Vorurteile bleiben, die Mädchen lassen sich jedoch von ihrem Kampf für den Sport nicht abhalten. (B)
(je richtige Lösung 1 Punkt; höchste Punktzahl: 11 Punkte)

7 richtige Schreibung: selbst aufkommen, absparen, unterdurchschnittlich, Männermannschaften, besetzt werden, spielen
müssen, weiterentwickeln, überwinden *(je richtige Lösung 1 Punkt; höchste Punktzahl: 8 Punkte)*

Seite 67

Rechtschreibstrategien anwenden – Fehler vermeiden

Strategien: Wörter verlängern und zerlegen

1 a, b Einsilber: der Weg – die Wege, der Strand – die Strände, die Wand – die Wände, der Steg – die Stege, der Krug – die Krü-
ge;
Zweisilber: der Himmel, die Natur, der Betrag, der Ausflug, der Anzug, die Sterne, das Problem, genug, wenig, der Hafer

2 er wog – wir wogen, er bog – wir bogen, er log – wir logen; er nannte – wir nennen, rannte – wir rennen, es brannte – sie
brennen; er betrog – wir betrügen, er erwog – wir erwogen, er bezog – wir bezogen

3 a der Abend|stern – die Abende, erheb(lich) – erheben, vergnüg(lich) – vergnügen
der Wild|hüter – wildern, tausend|fach – tausende, end(lich) – enden

b Der Bildband zeigt, wie heftig Sandstürme sein können. Der Fotograf musste sorgsam und vorsichtig sein.

Seite 68

Strategien: Wörter ableiten und merken

1 a, b Merken: der Pädagoge, die Säule, das Knäuel, der Bär, die Säge, die Lärche, der Käse, allmählich, die Krähen, prägen
Ableiten: erklären – klar, erläutern – laut, das Gebäude – der Bau, das Gehäuse – das Haus, der Schnäuzer – die Schnauze,
die Sänfte – sanft, das Mädchen – das Madel, kränken – krank, ähneln – die Ahnung, nämlich – der Name, kläffen – klaf-
fen, häkeln – der Haken, nähern – nah, unpässlich – passen, anlässlich – der Anlass, verlässlich – verlassen, unsäglich –
sagen, schädlich – der Schaden, äußerst – außen

2 a, b

	A	B	C	D	E	F	G	H	I	J	K	L
1			Ä	T	H	I	O	P	I	E	N	
2			Ä	S	T	H	E	T	I	S	C	H
3			G	R	M	H	A			P	S	
4		S	Ä	U	O	Ä	K			A	T	
5	K	E	I	D	B	M	T	R	P	S	A	Ä
6	A	K	S	I	I	O	I	E	H	S	T	Q
7	P	R		M	L	G	V	A	Ä	I	I	U
8	I	E	Ä	E	I	L	I	L	N	V	O	A
9	T	T	T	N	T	O	T	I	O	I	N	T
10	Ä	Ä	H	T	Ä	B	Ä	T	M	T	Ä	O
11	N	R	E	Ä	T	I	T	Ä	E	Ä	R	R
12			R	R		N		T	N	T		

1 Äthiopien
2 ästhetisch
3 Kapitän
4 Sekretär
5 Ägäis
6 Äther
7 rudimentär
8 Mobilität
9 Hämoglobin
10 Aktivität
11 Realität
12 Phänomen
13 Passivität
14 stationär
15 Äquator

Seite 69

Einen Fehlertext mit Hilfe von Strategien überarbeiten

1 + 2

	Verlängern	Zerlegen und verlängern	Ableiten	Merken
Aufgabe 1	rund, lässt, kann, muss	die Halbzeit, die Schwierigkeiten, bisschen, gestellt, konnte	jährige, die Hälfte, lädt	das Jahr, -führer
Aufgabe 2	kann, schafft, ständig, schwierig, das Vorbild	bergauf, die Gastfreundschaft, musste, konnte, das Lenkrad	der Ärger, ständig, schwärmt, lässt	während, gefahren, ungefähr

Seite 70

Teste dich! – Fehlerschwerpunkte erkennen

1 a korrigierte Wörter: Autofahrerinnen, Schwierigkeiten, täglichen, kämpfen, selbstverständlich, häufig, zermürbt, ungeduldig, wütend, Schnellste, Grund

(je richtige Lösung 1 Punkt; höchste Punktzahl: 11 Punkte)

b Gegen die Strategie „Merken" wurde nicht verstoßen.

(je richtige Lösung 1 Punkt; höchste Punktzahl: 1 Punkt)

2 a, b Verlängern: wütend – wütender, lag – lagen, flog – flogen, lud – luden, die Dächer – das Dach, genug – genügen, gibt – geben, überzeugt – überzeugen
Zerlegen: endlich – das Ende, Wendigkeit – die Wende, kurzerhand – die Hände, Widerstand – die Stände
Ableiten: täglich – der Tag, freigeräumt – der Raum, drängen – der Drang, gefährlich – die Gefahr

(je richtige Lösung 1 Punkt; höchste Punktzahl: 19 Punkte)

Seite 71

Rechtschreibung verstehen – Regeln anwenden

Wiederholung: Doppelte Konsonanten – Achte auf die erste Silbe

1 a Wörter mit offener erster Silbe: steigen, leben, rasen
b Zwei verschiedene Konsonanten in der Wortmitte: schenken, springen, tanzen, glänzen
Zwei gleiche Konsonanten in der Wortmitte: kennen, füttern, klettern, kommen

2 a Merkwörter: und, mir, dir, von, ab
b (Die Infinitivformen der Wörter wurden als Lösungshilfe hinzugefügt.)
Zwei verschiedene Konsonanten in der Wortmitte: stärkt – stärken, bremst – bremsen, hüpft – hüpfen, dankt – danken, hält – halten
Zwei gleiche Konsonanten in der Wortmitte: will – wollen, kommt – kommen, hallt – hallen, rollt – rollen

3 a, b Rolllladengurt – denn: rollen, Kontrolllllicht – denn: Kontrolle, Faltltechnik – denn: falten
Klemmlbrett – denn: klemmen, Hemdlkragen – denn: Hemden, Lammlfell – denn: Lämmer
Rinnlsal – denn: rinnen, Rindlfleisch – denn: Rinder, Sinnlfrage – denn: Sinne

4 a rennt – rennen, Rollkoffer – rollen, hält – halten, Waldstraße – die Wälder
b z.B. Sie nimmt das Motorrad und holt ihn in der Bergstraße ein.

Seite 72

Wiederholung: Wörter mit *h* – Wenn die erste Silbe offen ist …

1 a, b ⓂⓂⓂ   ⓂⓂⓂ   ⓂⓂⓂ   ⓂⓂⓂ
Bahn, Wahn, Zahn   Mühlen, fühlen, wühlen   wehen, gehen, stehen   Drohnen, Bohnen, wohnen
c A Das silbenöffnende *h* gehört zur *zweiten* Silbe.
B Das Dehnungs-*h* gehört zur *ersten* Silbe.
C Das Dehnungs-*h* kann man *nicht hören*.
D Das silbenöffnende *h* trennt *zwei e*.

2 a Merkwort: die Lehrmittel
b Wörter mit ah/äh: die Ahnung, das Mahlergebnis, der Wahnsinn, die Bahngleise, das Jahrtausend, gefährlich
Wörter mit eh: ehrenhaft, ein Zehntel, mehrere, die Fehlstunden, die Lehrmittel, das Weizenmehl
Wörter mit oh/öh: ohne, die Bohrinsel, der Kohleofen, versöhnlich
Wörter mit uh/üh: der Mühlstein, der Uhrmacher, der Kühlschrank, die Wühlmaus, der Rührlöffel

3 Wörter mit Dehnungs-*h*: Fahrrad, Lebensjahr, Gefährten, 23-Jährige, Wohnung, Fahrt, fuhr, bestohlen, Gefahren, fühlte, sehr, erfuhr, ihm, Aufnahmen

Seite 73

Wiederholung: s, ß oder ss? – Achte auf die erste Silbe

1

Erste Silbe offen		Erste Silbe geschlossen	
s-Laut summend	s-Laut zischend	zwei gleiche Konsonanten	zwei verschiedene Konsonanten
äsen, rasen	außen, heißen	fassen, essen	der Kasten, Hänsel

2

Infinitiv	Präsens Singular	Präteritum Singular	zusammengesetztes Nomen
genießen	sie genießt	er genoss	die Genießerrunde/der Genussmensch
fressen	sie frisst	er fraß	der Fressnapf/der Hundefraß
beißen	sie beißt	er biss	die Bisswunde/der Beißring
messen	sie misst	er maß	das Maßband/die Messlatte
fließen	es fließt	es floss	die Fließgeschwindigkeit/ die Flussbreite
schließen	sie schließt	er schloss	das Sicherheitsschloss/ die Schließanlage

3 Wörter mit ß: der Straßenbelag, die Fußballschuhe, der Spaßfaktor, der Kugelstoßer, der Blumenstrauß, die Grußkarte, äußerlich, die Floßgröße, die Schießbude

Seite 74

Wiederholung: Fremdwörter mit i

1
a (Silben mit langgesprochenem i: unterstrichen) Zitrone, Apfelsine, Vitamine, Abitur, Fabrikant, Version
b In Fremdwörtern schreibt man das lange i in der Regel als i und ie schreibt man in zweisilbigen Wörtern, wenn die erste Silbe offen ist.

2

1	O	F	F	I	Z	I	E	R	
2	T	H	E	R	A	P	I	E	
3	A	D	R	E	S	S	I	E	R	N
4	A	N	N	O	N	C	I	E	R	N
5	T	R	A	I	N	I	E	R	N	
6 S	T	R	A	T	E	G	I	E		
7 K	O	M	M	A	N	D	I	E	R	N
8 A	L	L	E	R	G	I	E			
9 M	A	R	S	C	H	I	E	R	N	
10 G	E	O	M	E	T	R	I	E		
11 G	R	E	N	A	D	I	E	R		
12 P	I	O	N	I	E	R				
13 A	R	I	S	T	O	K	R	A	T	I E
14 J	U	W	E	L	I	E	R			

3
a Kino, Primel, Bibel, Fibel, Figur, Gigant, Kilo, Biber, Bigos, Mimik, Milan, Spion, Spinat, Tiger
b z.B. Der Spion liebte es, mit der Bibel und dem Biber ins Kino zu gehen und Filme über die Zubereitung von Bigos und Spinat zu schauen.
Die Figur von Milans Lieblingsblume, der Primel, erinnerte an einen Giganten mit zu vielen Kilos, der Unmengen an Bigos gegessen hatte.

25

Seite 75

Wiederholung: Fremdwörter mit ph, th, y und v richtig schreiben

1 a zu streichende Wörter: Partizip, Kommunikation, Medienwissenschaftler, Trochäus

b

Fremdwörter mit *th*	Fremdwörter mit *ph*	Fremdwörter mit *y*	Fremdwörter mit *v*
Rhythmus	Alphabet, Metapher, Physik	Daktylus, Rhythmus	Dativ, Akkusativ, Adverb, Versmaß, Infinitiv

2 a, b (Merkstelle in den Fremdwörtern: unterstrichen)
A recyceln, B hydraulisch, C Thaiboxen, D Zyklop, E Zylinder, F Phantombild, G Rhythmus
c Es wirkt präziser und fachlicher, ist aber ein Problem, wenn man die Bedeutung nicht kennt.

Seite 76

Teste dich! – Strategien anwenden

1 a, b Regel zu zwei gleichen Doppelkonsonanten: -fällt, Durchmesser, beherrscht
Regel zu zwei nicht gleichen Konsonanten: -turnen, bemerkenswert
Regel zum silbenöffnenden *h*: -seh-, zurückziehen
Regel zum Dehnungs-*h*: Jahr
Regel zum zischenden *s*-Laut: draußen, Erlebnisse
Regel zum *i*-Laut: iranische, dokumentieren, kommunikativ

(je richtige Lösung 1 Punkt; höchste Punktzahl: 13 Punkte)

Seite 77

Wiederholung: Nomen und Nominalisierungen schreibt man groß (1)

1 a, b

Nomen	Nominalisierungen
seiner Faszination, einer geführten Gruppe, einem Massensport, manche Menschen, ein hohes Risiko, die Eiger-Nordwand, viele Male, 150 Jahren, Edward Whymper, einer Seilschaft, das/des Matterhorn/s (2x), besserer Ausrüstung, der Alltag, viele Sportler, das Ziel (2x), verschiedenste Arten, die Extremsportler, neue Rekorde	das Bergsteigen, das Klettern, der Erste, das Besteigen, das Durchsteigen

2 Dem Spitzenbergsteiger Dani Arnold gelang das *Erklettern* der Matterhorn-Nordwand in weniger als zwei Stunden. Er hat das *Speedlaufen* auf Berge trainiert und mit seinen Leistungen schon oft am *Machbaren* gerüttelt. An der Matterhorn-Nordwand gelang ihm das *Unterbieten* des bestehenden Rekords um fast 10 Minuten. Damit hat er etwas fast *Unmögliches* geschafft, denn für trainierte Bergsteiger ist es etwas *Realistisches*, für die Route 8 bis 10 Stunden anzusetzen. Arnold findet: „Das *Einzige*, was zählt, ist der Rhythmus." Arnold hält jetzt den Rekord im *Ersteigen* der Eiger- und der Matterhorn-Nordwand und glaubt, das sei der Lohn dafür, dass er im Training *vieles* richtig gemacht hat.

Seite 78

Wiederholung: Nomen und Nominalisierungen schreibt man groß (2)

1 Man erkennt Nomen an ihren Begleitern, das sind in diesen Sätzen Artikel und Adjektive.

2 a Begleiter: einem 13-Jährigen, dem bisher Jüngsten, das Unglaubliche, das Aufsteigen
b Zahlwörter als Begleiter: 16 Jahren, 16-Jährige
c Adjektive als Begleiter: den (höchsten) Gipfel, des (nepalesischen) Rekordhalters, einer der (berühmtesten) Sherpas, (häufige) Lawinen

3 Nomen: Anhänger, Abenteurers, Herzen, Website, Kritik, Kritiker, Bergtour, Meter, Gipfel, Himalaya, Tour, Todesopfern, Sache, Veränderungen, Aufenthalt, Natur, Kletterei, Vorsicht, Tour, Kletterpassage, Streifen, Höhe, Hänge, Seiten, Vater, Schritte
Nominalisierungen: Aufregende, Gefährliche, Schwierigste

4 A Jordan war das Herumreisen im Urlaub durch seine Familie gewöhnt.
B Für ihn waren das Fahren mit dem Mountainbike, das Klettern und das Laufen normal.

Seite 79

Wiederholung: Zeitangaben, Wochentage und Herkunftsnamen (1)

1 A am frühen Morgen, morgens früh, morgens in der Frühe
B am Montag morgens
C des Sonntags morgens, am Sonntagmorgen

2 a, b Wir sind auch *sonntags* für Sie da.
Von *montags* bis *freitags* geöffnet.
Wir haben morgens geschlossen und am *Nachmittag* geöffnet.

3 die afrikanische Steppenlandschaft, die Große Arabische Wüste, das Arabische Meer, das Alte Land, der Australische Schild, die Australische Platte, die australische Buschlandschaft, die Alte Brücke, die Schweizer Alpen, die französischen Berge, die österreichischen Alpen

Seite 80

Wiederholung: Zeitangaben, Wochentage und Herkunftsnamen (2)

1 a, b Zeitangaben werden großgeschrieben, wenn sie Nomen sind. Das kann man an typischen Nomenbegleitern wie Artikel und Adjektive erkennen.
A Am **frühen Morgen** schreibt man groß, **früh morgens** aber klein.
B Wir treffen uns am **Dienstag**, aber **dienstags** habe ich eigentlich keine Zeit.

2 a richtige Schreibweisen: am späteren Morgen, in der Frühe, morgens, am späteren Vormittag, nach dem Frühstücken, Mittag, mittags, den Nachmittag, am frühen Abend, nachts
b Z. 7: in der Frühe → früh, Z. 8: morgens → am Morgen, Z. 9-10: am späteren Vormittag → vormittags, Z. 15-16 mittags → des Mittags

3 das nepalesische Himalayagebirge, in den europäischen Alpen, in Osttirol, von den österreichischen Bergen, der Großglockner, Hohe Tauern, die Schobergruppe, in den Schweizer Alpen, in den französischen Alpengebieten, die deutschen Alpen

4 Das Wort „Bergisch" ist Bestandteil des Namens und eine Ableitung auf -er. Die „bergischen Spezialitäten" sind kein Eigenname und eine Ableitung auf -isch.

Seite 81

Wiederholung: Zusammen- und Getrenntschreibung von Verbindungen mit Verben

1 a A Wenn es glatt ist, kann man draußen leicht fallen.
B Wenn man dem Kind nur schwarze Farbe gibt, kann es sein Bild auch nur schwarz malen.
C Obwohl sie erkältet gewesen ist, hat sie die Arbeit krank geschrieben.
D Durch die abgedunkelte Brille kann man nur schwarz sehen.
E Das Kind wollte sein Bild unbedingt komplett blau machen.
F Bei klarem Himmel kann man den Mond am Abend sehr hell sehen.
G Der Verschluss wird nach der Reparatur hoffentlich jetzt endlich dicht halten.
H Wenn du in das Versteck passen willst, musst du dich krumm legen.
b Man schreibt die Verbindungen in den Sätzen A bis H getrennt, weil die Bedeutung sowohl des Adjektivs als auch des Verbs erhalten bleibt.

2 a, b Nur weil du schlechte Laune hast, musst du nicht alles *schwarzsehen*. (negativ sehen)
Die Aufgabe sollte dir *leichtfallen*. (einfach sein)
Wenn man nicht krank ist, sollte der Arzt einen auch nicht *krankschreiben*. (Arbeitsunfähigkeit bescheinigen)
Montag ist der Tag, an dem viele gern *blaumachen*. (schwänzen)
Ich kann dir das nicht sagen, denn ich kann nicht *hellsehen*. (vorhersagen)
Der Täter wollte unbedingt gegenüber der Polizei *dichthalten* (nichts verraten).
Du solltest für die Lösung des Problems nicht *schwarzmalen*. (etwas negativ sehen)
Für die Reise müssen wir uns *krummlegen*. (einschränken/sparen)

3 z. B.: Beim Einkaufengehen haben die Mädels viel Spaß.

Seite 82

4 a A *auseinander/setzen:* Störende Schüler kann der Lehrer *auseinander setzen*, aber mit dem Problem müssen sich die Schüler selbst *auseinandersetzen*.
B *vorher/sagen:* Wenn du keine Lust dazu hast, kannst du das *vorher sagen*, aber ich kann deine Laune doch nicht *vorhersagen*

C *zusammen/halten*: Nur wenn die Männer/Jungen *zusammenhalten*, können sie den schweren Gegenstand *zusammen halten*.
D *zusammen/laufen*: Wenn wir uns morgen treffen, können wir *zusammen laufen*. In der Hand des Teamchefs sollen die Fäden *zusammenlaufen*.

b A = beschäftigen, C = gemeinschaftlich arbeiten, B = in die Zukunft sehen, D = bündeln

5 a

	1	V	O	L	L	S	T	R	E	C	K	E	N
	2	B	L	O	S	S	S	T	E	L	L	E	N
	3	U	N	T	E	R	H	E	B	E	N		
	4	I	N	N	E	H	A	L	T	E	N		
	5	E	I	N	K	N	I	C	K	E	N		
	6	W	E	I	S	S	A	G	E	N			
	7		W	E	I	S	M	A	C	H	E	N	
8	W	I	D	E	R	S	P	R	E	C	H	E	N
	9		E	M	P	O	R	K	O	M	M	E	N
10	H	O	C	H	A	R	B	E	I	T	E	N	

b Das Urteil muss nach der Verkündigung auch vollstreckt werden.

Seite 83

Teste dich! – Getrennt-, Zusammen- und Großschreibung

1 A Verbindungen von Verben und Verben schreibt man in der Regel *getrennt*.
B Verbindungen von Verben und Adjektiven schreibt man *zusammen*, wenn sie eine neue Bedeutung eingehen.
C Nominalisierungen von Verbindungen mit Verben schreibt man *zusammen*.
D Verbindungen von unveränderlichen Wörtern und Verben schreibt man *zusammen*.
E Nomen und Nominalisierungen schreibt man *groß*.
F Geografische Herkunftsnamen und Ableitungen auf *-er* schreibt man *groß*.
G Geografische Herkunftsnamen mit *-isch*, die nicht Teil des Namens sind, schreibt man *klein*.
H Tageszeiten schreibt man *groß*, wenn sie Nomen sind.

(je richtige Lösung 1 Punkt; höchste Punktzahl: 8 Punkte)

2 a, b 1) die Besteigung (E), 2) englische (G), 3) ehrgeizig verfolgten (B), 4) großem Aufwand (E), 5) angelegt (D), eine Schweizer Gruppe (F), 6) feststellen (B), 9) umzukehren (D), verbrauchen würden (A), 10) morgens (H), am Vormittag (H), 11) das Gipfelerstürmen (E)

(je richtige Lösung 1 Punkt; höchste Punktzahl: 24 Punkte)

Zeichensetzung – Kommaregeln

Seite 84

Wiederholung: Das Komma in Satzgefügen

1 a, b 1) Philippe Petit ist der bekannteste Hochseilartist der Welt, der in dem Film „Man On Wire" verewigt worden ist. (B)
2) Auf dem Seil, das er in den frühen 70er Jahren zwischen die Pfeiler der Kirchtürme von Notre Dame in Paris gespannt hatte, tanzte er während eines Gottesdienstes. (C)
3) Obwohl er keine Genehmigung hatte, überquerte er auf seinem Seil auch die Brückenpfeiler am Hafen von Sydney. (A)
4) Am aufsehenerregendsten war allerdings seine Aktion, bei der er die Türme des World Trade Centers in New York mit seinem Seil überspannte und dieses Seil insgesamt achtmal überquerte. (B)

2 a, b, c (Hauptsätze: unterstrichen, Konjunktionen und Relativpronomen: umkreist)
Am Morgen des 7. August 1974 steigt Philippe Petite auf die Aussichtsplattform des World Trade Centers und greift das eine Ende eines Seils, das mit einem Pfeil vom anderen Tower herübergeschossen worden ist. Weil er mit diesem Seil etwas ziemlich Gewagtes anstellen will, muss er es unbedingt sicher anbringen. Als er es so befestigt hat, dass es 417 Meter über dem New Yorker Straßenpflaster hängt, vollführt er ein atemberaubendes Kunststück: Er balanciert zwischen den beiden Türmen, wobei er ganz auf sich gestellt ist. Geplant hat er *das* Vorhaben seit 1968, als er zum ersten Mal eine Zeichnung der beiden Türme sah, die höher waren als der Eiffelturm. Die Durchführung war illegal, weshalb er sie heimlich vorbereitete. Deshalb waren die New Yorker auch völlig überrascht, so dass Petite seine Zeit auf dem Seil hatte, die er für seine Vorführung brauchte. Nachdem die Polizei sogar einen Hubschrauber eingesetzt hatte, erreichten Polizisten, dass er *das* Seil verließ. Er wurde verhaftet, erhielt später allerdings eine lebenslange Dauerkarte für den Besuch der Plattform des World Trade Centers.

Seite 85

Wiederholung: Zeichensetzung bei Zitaten

1 Philippe Petite erzählt: „Ich war 16 oder 17, als ich lernte, wie man auf dem Drahtseil balanciert; ich brachte mir das selbst bei, und fortan faszinierten mich außergewöhnliche Orte oder Gebäude. Es war, als würden sie nach mir rufen. Ich sah Notre Dame, die Sydney Harbour Bridge – und wusste: Ich will dort auftreten!"
Und er fährt fort: „ Und als ich das World Trade Center sah, die Türme, habe ich mich sofort in sie verliebt. Ich musste da hoch." Auf die Frage, ob er lebensmüde war, meint er: „ Nein, im Gegenteil: Ich liebe das Leben, ich würde es niemals aufs Spiel setzen. Ich balanciere auf einem Drahtseil, weil ich etwas erleben möchte." Er erkennt aber an, dass sein Beruf ein Risiko birgt. „Sicher, es gehört zum Beruf des Seiltänzers, dass ein falscher Schritt, eine unaufmerksame Sekunde das Aus bedeuten kann, aber das ist bei einem Torero nicht anders." Er weiß, dass viele Menschen denken, dass er verrückt sei, doch er meint : „Das bin ich nicht. Ich bereite meine Projekte sorgfältig vor, monatelang, wie ein Ingenieur. Ich habe das World Trade Center in- und auswendig studiert, um mein Leben zu schützen."

2 Petit stellt fest: „Ich habe verfolgt, wie die Türme gebaut wurden."
„Es war ziemlich einfach", findet er.
Und er fährt fort : „Das größte Problem war: Wie bekomme ich das Seil auf den Südturm?"

Seite 86

Der Apostroph

1 1) In Hans' Blumenladen findet man immer frische Schnittblumen. A
2) M'galdbach ist besonders für seinen Fußballverein berühmt. B
3) Handys und Laptops schreibt man nicht mit Apostroph. C

2 A Bitte hier keine *Autos*, Roller, *Mofas* abstellen.
B Zur Verstärkung unseres *Teams* suchen wir *Azubis*.
C Wir reparieren Ihre *LKWs* prompt und zuverlässig.
D *Sonntags* besondere Frühstücksangebote!
E Freche Frisuren für Ihren Hund in *Lisas* Hundeschule!
F Rostbratwurst und *Pommes* nach *Opas* Rezept.
G *Dienstags* ist *Valentinstag*.

3 z. B.: Felix' Smartphone weiß immer alle Englisch-Vokabeln, Lukas' Smartphone kennt alle Kommaregeln und Max' Smartphone kann nur Musik abspielen. Hol dir auch das neue Smartphone Universe und werde noch schlauer!

4 1 Beispiele: Vaters Sporttasche, Martins Fußball
2 Beispiele: die Handys, die Punks, die Freaks
3 Beispiele: die CDs, die PKWs

Seite 87

Teste dich! – Satzgefüge und Zitate

1 Das *„künstlerische Verbrechen des Jahrhunderts"*, wie der Hochseilakt zwischen den Twin Towers genannt wurde, hatte keine harten juristischen Folgen – doch für Petit fing ein neues Leben an. Fortan wurde er stets gefragt: *„Warum? Warum haben Sie es getan?"*
Für den Artisten, der sich als Künstler begreift, ist das die Frage von Ahnungslosen. *„Das ist ja das Schöne daran: Es gab für mich nie ein Warum"*, sagt er im Gespräch. *„Es gab nur die Besessenheit, eine Vision zu verwirklichen."* Der Schriftsteller Paul Auster, der Petit in Frankreich traf, schrieb danach über diese Kunstform: *„Ihre Anziehungskraft besteht letztlich in ihrer völligen Zwecklosigkeit."*
So ist der Franzose auch nie ein Rekordjäger gewesen. Er meint: *„Mein Wunsch ist es nur, wunderschöne Orte in aller Welt zu erobern. Die müssen nicht besonders hoch oder majestätisch sein."*

(je richtige Lösung 1 Punkt; höchste Punktzahl: 6 Punkte)

2 a, b (Kommas, die vor „und" stehen müssen: <u>unterstrichen</u>)
Im August 1974 kam man noch mit Werkzeugen durch die Kontrollen, wenn man auf dem John-F.-Kennedy-Flughafen in New York landete. Es war eine andere Zeit, in der die Türme des World Trade Centers noch standen. Nachdem Philippe Petit 1968 in Paris den Entwurf der Türme gesehen hatte, reifte sein Plan. „Wenn ich drei Orangen sehe, muss ich jonglieren, wenn ich zwei Türme sehe, muss ich ein Seil spannen und tanzen", sagt der Artist. Während das Word Trade Center erbaut wurde, übte Philippe Petite in Frankreich auf einer Wiese. Das Stahlseil, das er spannte, war mit 50 Metern so lang wie der Abstand zwischen Nord- und Südturm, und weil so ein Seil auch ohne Tänzer tanzt, da es in 417 Meter Höhe über New York zirpt und surrt und vibriert, hängten sich auf der Trainingswiese in Frankreich Philippes Freunde ans Seil und wackelten und rissen und ahmten den Ernstfall nach. Später gab sich Petite als Journalist aus und ließ sich die Türme zeigen, auf denen es heftig wehte. Normalerweise stabilisiert man ein Seil mit Verbindungen zur Erde, aber das ging diesmal nicht. Also berechnete er vier Punkte auf den zwei Dächern, um von dort aus das Seil mit Nebenseilen zu beruhigen. Dann kam der Ernstfall. Philippe Petite und seine Freunde gaben sich als Unternehmer aus, die am Trade Center arbeiteten, und versteck-

ten sich auf der Baustelle. Am 7. August schossen sie das Seil von Turm zu Turm, und dann balancierte Petite vom Nord- zum Südturm, bis er von Polizisten vom Seil geholt und verhaftet wurde. Kaum jemand wusste etwas von seiner Aktion, aber die New Yorker hatten 45 Minuten Zeit, auf den verrückten Seiltänzer aufmerksam zu werden. Das reichte dafür, dass sie sich für ihn einsetzten und vor schwerer Strafe bewahrten.

(je richtige Lösung 1 Punkt; höchste Punktzahl: a 23 Punkte, b 3 Punkte)

Ich teste meinen Lernstand

Seite 89

1　a　richtige Antwort: C
　　b　richtige Satzfortsetzung: ... sowohl durch verbale als auch durch nonverbale Mitteilungen.

(je richtige Lösung 1 Punkt; höchste Punktzahl: 2 Punkte)

2　richtige Aussagen: A, C, F, falsche Aussagen: B, D, E

(je richtige Lösung 1 Punkt; höchste Punktzahl: 6 Punkte)

3　passende Verknüpfungen: A + dass + 2, B + obwohl +2, C + weil + 3

(je richtige Lösung 1 Punkt; höchste Punktzahl: 3 Punkte)

4　z. B.: Ich finde, dass die Einschätzung des Schülers zutreffend ist. Die gestörte Kommunikation zeigt sich an mehreren Stellen, z.B. vergisst der Mann ständig bestimmte Hinweise zu Dingen, die die Frau nicht gut verträgt. Sie mag z.B. keine Erdbeeren oder auch nicht lange im Theater sitzen. Dennoch überrascht er sie mit Erdbeeren oder schenkt ihr Theaterkarten.

(je richtige Lösung 1 Punkt; höchste Punktzahl: 1 Punkt)

Seite 90

Einen Sachtext lesen und verstehen

5　richtige Antwort: B

(je richtige Lösung 1 Punkt; höchste Punktzahl: 1 Punkt)

Seite 91

6　richtige Aussagen: B, C, E, F, G, falsche Aussagen: A, D, H

(je richtige Lösung 1 Punkt; höchste Punktzahl: 8 Punkte)

7　Bei Paaren ist häufig zu beobachten, dass die *Kommunikation* mit dem Partner einseitig ausgerichtet ist. Sowohl Männer als auch Frauen haben ihre *besonderen* Themen, über die sie sprechen wollen. *Gelegenheiten* zur gemeinsamen Kommunikation stellen z. B. bestehende gesellschaftliche *Werte* dar. Es kann jedoch zu *Missverständnissen* in der gemeinsamen Kommunikation kommen, wenn die Aussagen *verschlüsselt* oder *indirekt* formuliert werden. Schließlich hilft es, sich mögliche *Störungen* bewusst zu machen, um dem *Teufelskreis* einer *fehlgesteuerten* Kommunikation zu entgehen.

(je richtige Lösung 1 Punkt; höchste Punktzahl: 10 Punkte)

8　z. B.:

Sachtext	Kurzgeschichte
– Frauen wollen sich über ihre Gefühle austauschen, viele Männer sind dazu nicht in der Lage (Z. 4–6)	– Auch sie hat Gefühle und Gedanken, die mitgeteilt sein wollen. Aber davon will er nichts wissen. (Z. 3–5)
– Verschlüsselte Botschaften kommen beim Mann nicht an (Z. 53–54)	– Sicher, sie hätte sich kühler zeigen sollen, und nicht, als hätte sie ihn nötig. (Z. 15–16)

(je richtige Lösung 1 Punkt; höchste Punktzahl: 4 Punkte)

Seite 92

Eine Grafik lesen und verstehen

9　z. B.: Während 48 Prozent der Frauen der Ansicht sind, zurückhaltender als Männer zu sein, z.B. eher andere reden zu lassen, glauben dies nur 33 Prozent der Männer. Dennoch sagt die Mehrheit der Männer, dass dies eher den Frauen zuzurechnen sei. 31 Prozent der Männer meinen, dass Frauen besser zuhören können als Männer.
Dagegen stimmen 54 Prozent der Frauen dieser Aussage zu.
Die große Mehrheit der Männer ist der Ansicht, dass vor allem Frauen sich zu Dingen äußern, die einen nichts angehen, dies denken 45 Prozent der Männer. Frauen stimmen nur zu 25 Prozent dieser Ansicht zu. Die Mehrheit von ihnen (54 Prozent) denkt, dass dies beiden Geschlechtern zuzurechnen sei.

Sowohl Männer als auch Frauen glauben zu 47 Prozent, dass das eigene Geschlecht jeweils gern viel über sich redet und gern im Mittelpunkt steht. 29 Prozent der Männer finden, dass dies Frauen mehr betrifft, aber 60 Prozent der Frauen sehen Männer stärker von dieser Eigenschaft betroffen.

(je richtige Lösung 1 Punkt; höchste Punktzahl: 4 Punkte)

10 richtige Aussage: A, B, falsche Aussagen: C, D

(je richtige Lösung 1 Punkt; höchste Punktzahl: 4 Punkte)

11 z. B.:

Aussage der Grafik	Bezug zur Kurzgeschichte	Bezug zum Sachtext
Frauen seien zurückhaltend, würde andere eher reden lassen	– Sie hat lange genug auf seinen Beistand gewartet und auf ein entgegenkommendes Wort. Auch sie hat Gedanken und Gefühle, die mitgeteilt sein wollen. (Z. 2–5)	– Damit die Beziehung nicht im Schweigen endet, sei die erste Regel, offen über die eigenen Bedürfnisse zu sprechen […]. (Z. 46–48)
Männer seien schlechtere Zuhörer	– Was sie ihm erzählt über sich, weiß er die Woche darauf nicht mehr. (Z. 24–25)	– Frauen sagen häufig nicht direkt, was sie denken, das sorgt für Missverständnisse […]. (Z. 57–59)

(je richtige Lösung 1 Punkt; höchste Punktzahl: 6 Punkte)

Seite 93/94

Test B – Materialgestützt einen informierenden Text verfassen

1 z. B.: – Einleitung
Information zu nonverbaler Kommunikation (evolutionäre Wurzeln; prozentualer Anteil in Bezug auf Glaubwürdigkeit; Unverwechselbarkeit durch biografische Prägungen; Unterscheidung bewusster und unbewusster Aspekte)
– Hauptteil
Wirkung bestimmter nonverbaler Signale in kommunikativen Situationen: Ausdruck von Macht und Stärke bzw. Verlegenheit und Unterwerfung, Ausdruck von Gefühlen (bestimmte Gesten wie z.B. Händedruck, Atmung, Bewegung, fehlende Gestik, Blick, Spielereien, mimische Veränderungen, vegetative Reaktionen)
– Schluss
Empfehlung für Vorstellungsgespräche, z.B.: beeinflussbare nonverbale Signale in Haltung, Stand und Mimik bewusst beachten (Unterwerfungsgesten und Dominanzgehabe vermeiden), glaubwürdig bleiben (natürliche Souveränität: Widersprüche vermeiden)

(je richtige Lösung 1 Punkt; höchste Punktzahl: 9 Punkte)

Seite 95

Test C – Grammatik

1 a Sie hat ihm lange genug geschrieben, als <u>sei</u> er diese Investition wert, und in den Umschlag gepackt, was ihr unter die Finger kam: einen Grashalm, der sich in ihrem Schuh fand, nach dem Nachmittag in den Wiesen; eine Skizze, sie <u>könne</u> nicht gut zeichnen, aber: <u>wisse</u> er, was gemeint <u>sei</u>?

(je richtige Lösung 1 Punkt; höchste Punktzahl: 3 Punkte)

  b richtige Aussage: D

(je richtige Lösung 1 Punkt; höchste Punktzahl: 1 Punkt)

2 a A <u>Ob er sich freue, wenn etwas ankomme von ihr</u>, hat sie ihn gefragt. → Es ist ein Objektsatz.
    B <u>Was sie ihm erzählt über sich</u>, weiß er die Woche darauf nicht mehr. → Es ist ein Objektsatz.

(je richtige Lösung 1 Punkt; höchste Punktzahl: 2 Punkte)

3 A Auch heute steckt noch in vielen Köpfen (Hauptsatz), dass Männer (Nebensatz 1), die über Gefühle reden (Nebensatz 2), schwach sind (Nebensatz 1).
  B Frauen sagen häufig nicht direkt (Hauptsatz), was sie denken (Nebensatz), das sorgt für Missverständnisse (Hauptsatz).

(je richtige Lösung 1 Punkt; höchste Punktzahl: 2 Punkte)

4 z. B.: Satz A: Auch heute stecke noch in vielen Köpfen, dass Männer, die über Gefühle reden würden, schwach seien.

(je richtige Lösung 1 Punkt; höchste Punktzahl: 1 Punkt)

5 A <u>Damit die Beziehung nicht im Schweigen endet</u>, sei die erste Regel, offen über die eigenen Bedürfnisse zu sprechen, sagt Bergmann. (Art des Adverbialsatzes: Finalsatz)
  B <u>Wenn die Kommunikation erst falsch läuft</u>, entsteht schnell ein Teufelskreis. (Konditionalsatz)

(je richtige Lösung 1 Punkt; höchste Punktzahl: 4 Punkte)

Seite 96

Test D – Rechtschreibung

1   z. B.: Verlängern: Wort – die Wörter (Z. 3), Zeit – die Zeiten (Z. 18)
Ableiten: zärtlich – zart (Z. 6), hätte – haben (Z. 16)
Merken: die Skizze (Z. 10), die Narzissen (Z. 12)

(je richtige Lösung 1 Punkt; höchste Punktzahl: 6 Punkte)

2   a, b   Pa**pp**rolle → die Pappe, tä**g**lich → die Tage, Strategie = Verlängern und Zerlegen

(je richtige Lösung 1 Punkt; höchste Punktzahl: 3 Punkte)

3   a   z. B.: *ss*: Küssen (Z. 31), vergessen (Z. 35), ß: aß (Z. 29), weiß (Z. 34)
     b   A   *ss* schreibt man, wenn die erste Silbe *geschlossen* ist.
        B   ß schreibt man, wenn die erste Silbe *offen* ist.

(je richtige Lösung 1 Punkt; höchste Punktzahl: 4 Punkte)

4   z. B.: „So", sagte sie sich, „das war es, ein für alle Mal war es das."

(je richtige Lösung 1 Punkt; höchste Punktzahl: 2 Punkte)

5   richtige Aussagen: A, D

(je richtige Lösung 1 Punkt; höchste Punktzahl: 1 Punkte)

6   z. B.: Heute hat sie ihm gesagt, dass das kein Leben für sie sei.

(je richtige Lösung 1 Punkt; höchste Punktzahl: 2 Punkte)

Inhaltsverzeichnis

Rechtschreibung

Kennzeichnungen in diesem Arbeitsheft:

1 Aufgabe

4 Zusatzaufgabe

●○○ Aufgaben mit Starthilfen
●●○ etwas schwierigere Aufgaben mit Starthilfen

●●● Aufgaben, die mehr Wissen und Können von
dir verlangen

▶ Der Pfeil sagt dir, auf welcher Seite du etwas
nachschlagen kannst.

Mit dem beigefügten Lösungsheft kannst du deine
Arbeitsergebnisse selbst überprüfen.

Aufgabenformate trainieren – Roboterautos

Methode	Ein Portfolio anlegen

- Bei einer **Auswahlaufgabe** (Multiple Choice) musst du unter mehreren Aussagen **eine richtige Lösung** auswählen.
- Bei einer **Zuordnungsaufgabe** (Matching) musst du aus Wörtern, Satzteilen oder Sätzen inhaltlich zusammengehörende **Paare bilden.**
- Bei einer **Richtig-Falsch-Aufgabe** (True/False) musst du entscheiden, **welche Aussagen zutreffen und welche nicht.** Oft hängt die Entscheidung nur von einem einzigen Wort oder einer Formulierung ab. Lies deshalb immer ganz genau.
- Die **Kurzantwortaufgabe** verlangt eine **eigenständig formulierte Antwort** auf die Frage zu dem Text. Antworte kurz und knapp, aber immer in vollständigen Sätzen und direkt auf den Text bezogen. Schreibe nicht vom Text ab, verwende eigene Wörter.
- Bei der **Einsetzaufgabe** musst du **passende Wörter in einen Lückentext einsetzen.** Einfacher ist es, wenn die Wörter im Wortspeicher stehen, schwieriger, wenn du selbst Wörter finden musst.

Annika Sartor

Ohne uns! Wie Roboterautos fahren lernen

1 Daniel Göhring könnte sich jetzt mit beiden Händen am Rücken kratzen oder zur Musik im Radio klatschen. Er könnte Scheiben putzen und das alles, obwohl der 36-Jährige am Steuer eines Autos sitzt
5 und mitten durch Berlin fährt. Also gut – er lässt sich fahren. Eine Allee entlang, Halt an der Ampel, Rechtskurve. Das Lenkrad dreht sich ohne jedes Zutun, der silbergraue VW-Passat findet seinen Weg allein. Wie schafft er das? Es ist ein Roboterauto, das
10 da durch die Straßen kurvt. Der Wagen braucht dafür eine Sondergenehmigung, denn selbstfahrende Autos sind im Verkehr nicht erlaubt. Noch nicht. Experten aber glauben: Eines Tages übernehmen Computer tatsächlich das Steuer und kutschieren uns,
15 wohin wir wollen. Große Autokonzerne wie Volkswagen, Audi, BMW, Daimler oder Volvo stecken Milliarden in die Entwicklung selbstfahrender Wagen und schicken erste Modelle auf Probetouren.
2 Weil die Autos noch nicht schlau genug für diese
20 Aufgabe sind, brauchen sie „Fahrlehrer" wie Daniel Göhring und seine Kollegen von der Freien Universität Berlin. Die Informatiker[1] überlegen sich: Was muss ein Wagen wissen, um sicher durch die Straßen zu rollen? Die Antwort lautet: eine Menge!
25 Fehlt der Mensch am Steuer, muss das Autos wortwörtlich allein sehen, wo es bleibt. Im Jahr 2010 hat der Autobauer Volkswagen das Testfahrzeug der Forscher darum mit komplizierter Technik ausgerüstet. Scanner, Radare und Kameras ersetzen etwa die Au-
30 gen des Fahrers. [...] In nur einer Minute sammelt der Wagen 3,3 Gigabyte[2] Daten. Das entspricht in

etwa der Leistung, als würde ein Mensch einen zweistündigen Film in Superqualität sehen und sich alles darin merken. Computer, die im Kofferraum versteckt sind, verarbeiten und übersetzen die Daten-
35 flut. Dank Göhring und seinem Team leiten sie Befehle an den Motor, die Bremsen, an Lichter, Lenkrad und Blinker weiter. Göhring nennt den Kofferraum deshalb „Kommandozentrale". Den Wagen schließt er vorsichtshalber in einer Halle ein: Er ist samt Aus-
40 stattung rund 500 000 Euro wert – „so viel wie zwei Ferraris".
3 Selbstfahrende Autos könnten unsere Städte verändern. Die Berliner Wissenschaftler malen sich das in etwa so aus: In der Stadt von morgen verzichten
45 alle Leute auf eigene Autos. Warum auch nicht? Schließlich stehen die bis zu 95 Prozent ihrer Zeit auf einem Parkplatz. Und selbst wenn sie unterwegs

sind: Im Durchschnitt sitzen gerade einmal 1,3 Personen darin – was für eine Platzverschwendung! Wer in Zukunft ein Auto braucht, bestellt es sich also per Handy direkt vor die Haustür. Die Robotertaxis kommen von selbst angefahren und könnten auf der Strecke weitere Mitfahrer aufsammeln, die in dieselbe Richtung wollen. Riesenstädte wie London oder Paris benötigten so nur ein Viertel aller Autos, die heute die Straßen verstopfen. Alle Menschen kämen auf diese Weise viel schneller voran.

❹ Roboterautos könnten außerdem die größte Gefahr im Verkehr ausschalten: den Menschen. Neun von zehn Unfällen passieren, weil Fahrer Fehler machen. Ein Computer aber ist niemals müde, wütend oder betrunken. Er rast und drängelt nicht. Und es käme ihm nicht in den Sinn, auf dem Handy herumzutippen, anstatt auf die Straße zu schauen. Außer Sicherheit schenkt der Wagen Autofahrern auch noch Zeit: „Während stundenlanger Autobahnfahrten würde ich liebend gern was anderes tun", gibt Göhring zu. Genau dort sollen die selbstfahrenden Autos auch zuerst unterwegs sein. Ab dem Jahr 2020 könnten erste Autobahnabschnitte oder -spuren für die Roboter freigegeben werden, schätzen Experten. In der Stadt hingegen heißt es: abwarten. Hier sind die Wege kniffliger. Der Wagen muss Bussen oder Baustellen ausweichen und im Notfall blitzschnell auf Kinder reagieren, die beim Spielen auf die Straße laufen. Im Moment könnte es allerdings genauso gut vorkommen, dass das Testauto einen Laubhaufen mit einem vorausfahrenden Wagen verwechselt, bremst – und sich nicht mehr von der Stelle rührt. Weil sich die Forscher noch nicht komplett auf das System verlassen können, gibt es im Innenraum drei rote Knöpfe, mit denen sie sofort wieder die Kontrolle übernehmen. In solchen Situationen fühlt sich Daniel Göhring dann wie ein Beifahrer, der an den Fahrkünsten seines Nebenmannes herumnörgelt. „Aber manchmal", sagt er, „wissen wir es eben doch noch besser."

1 die Informatik: Wissenschaft von der systematischen Informationsverarbeitung, insbesondere mit Hilfe von Computern
2 Gigabyte: Maßeinheit in der Digitaltechnik und Informatik

Multiple-Choice-Aufgaben

1 a Worum geht es in dem Text. Kreuze die richtige Aussage an.
Tipp: Oft sind es nur Kleinigkeiten in der Formulierung, die einer Aussage einen anderen Sinn geben.

A In dem Text geht es um ferngesteuerte Autos, um den Verkehr zu entlasten.	☐
B In dem Text geht es um Autokonzerne, die neuartige Fahrzeuge für die Städte der Zukunft bauen.	☐
C In dem Text geht es um Vor- und Nachteile von Roboterautos, die in den USA erprobt werden.	☐
D In dem Text geht es um die Entwicklung selbstfahrender Autos, die es zukünftig geben könnte.	☐

b Kreuze die richtige Fortsetzung des folgenden Satzes an:
Roboterautos können die größte Gefahr im Verkehr ausschalten: den Menschen, ...

☐ weil die meisten Unfälle wegen Fehler der Fahrer passieren.

☐ um sich dadurch als dem Menschen gleichwertig hervorzutun.

☐ damit sie sich als zuverlässige „Beifahrer" auch für führerscheinlose Fahrer erweisen.

☐ nachdem sie den Stau auf der Datenautobahn überwunden haben.

c Am Beispiel der Roboterautos wird ihr Einfluss auf das städtische Leben der Zukunft deutlich.
Wie könnte dieser Einfluss aussehen? Kreuze die falsche Aussage dazu an.

☐ Alle Menschen in der Stadt könnten auf ein eigenes Auto verzichten.

☐ Bei Bedarf könnte man sich mit nur einem Telefonanruf ein Auto direkt vor die Haustür bestellen.

☐ Die Robotertaxis sammeln unterwegs weitere Mitfahrer auf der gleichen Strecke ein.

☐ In Riesenstädten würden die selbstfahrenden Autos allerdings 95 % ihrer Zeit im Stau stehen.

Zuordnungsaufgaben

2 **a** Erkläre die folgenden Ausdrücke A bis D aus dem Zusammenhang des Textes auf S. 5–6.
Ziehe sinnvolle Verbindungslinien zu den Erklärungen 1 bis 4.

A ohne jedes Zutun	1 von ganz alleine
B kutschieren	2 einschließlich, inklusive
C samt (Ausstattung)	3 kritisieren, meckern
D herumnörgeln	4 fahren, sich bewegen

b Ordne den Textabschnitten 1 bis 4 die passende Zwischenüberschrift A bis D zu. Ziehe Verbindungslinien.

❶	A Stärken/Schwächen – Mensch/Roboterauto
❷	B Gelehrige Schüler
❸	C Zukunftsmusik – Autos ohne Fahrer?
❹	D Innerstädtischer Straßenverkehr von morgen

Richtig-Falsch-Aufgaben

3 **a** Prüfe, ob die folgenden Aussagen A bis F richtig oder falsch sind. Korrigiere, wenn nötig, in deinem Heft.
Tipp: Löse die Aufgaben, indem du die Textstelle suchst, markierst und mit der Aussage vergleichst.

	richtig	falsch
A Auch bei selbstfahrenden Autos dreht sich das Lenkrad nicht ohne Zutun des Fahrers.	☐	☐
B Noch dürfen Roboterautos nicht ohne Sondergenehmigung am Straßenverkehr teilnehmen.	☐	☐
C Der Staat investiert viel Geld in die Entwicklung fahrerloser Kraftfahrzeuge.	☐	☐
D Die Sinne eines Autofahrers werden durch Scanner, Radare und Kameras ersetzt.	☐	☐
E Roboterautos haben samt Ausstattung einen Gesamtwert von vier Ferraris.	☐	☐
F Die Roboterautos fühlen sich besonders durch die Nörgeleien der Beifahrer gestört.	☐	☐

b Prüfe, ob die Aussagen A bis F zu dem folgenden Zitat richtig oder falsch sind. Korrigiere, wenn nötig, im Heft.
„Weil die Autos noch nicht schlau genug für diese Aufgabe sind, brauchen sie ‚Fahrlehrer' wie Daniel Göhring und seine Kollegen von der Freien Universität Berlin." (S. 5, Z. 19–22)

	richtig	falsch
A Es liegt eine Satzreihe vor.	☐	☐
B Es handelt sich um ein Satzgefüge.	☐	☐
C Das Komma ist zwingend notwendig.	☐	☐
D Das Komma ist nicht unbedingt notwendig und kann auch weggelassen werden.	☐	☐
E Die Konjunktion *weil* weist auf einen kausalen Nebensatz hin.	☐	☐
F „sie" bezieht sich auf die Fahrlehrer.	☐	☐

Kurzantwortaufgabe

4 **a** **Erkläre die folgenden Textzitate mit eigenen Worten und Beispielen.**

„... übernehmen Computer [...] das Steuer" (S. 5, Z. 13–14)

„Hier sind die Wege kniffliger." (S. 6, Z. 73–74)

Diese Aussage bedeutet, dass in Zukunft der Mensch

oder Fahrer _____

_____ , sondern

_____

_____ .

Damit soll ausgedrückt werden, dass _____

_____

_____

_____

_____ .

b **Im letzten Absatz des Textes heißt es: „Aber manchmal [...] wissen wir es eben doch noch besser" (S. 6, Z. 87 f.). Gib zunächst mit deinen Worten wieder, was mit der Aussage gemeint ist. Nenne dann Gründe, die zu dieser Behauptung führen. Beziehe dich dabei auf den Text.**

_____

_____

_____

_____

Einsetzaufgaben

5 **a** **Fülle die Lücken des folgenden Textes mit passenden Nomen und Verben aus dem Wortspeicher.**
Tipp: Setze zuerst die Wörter ein, bei denen du dir ganz sicher bist. Achte darauf, dass du die Wörter anpasst (konjugierst/deklinierst). Prüfe abschließend, ob der Satz einen Sinn ergibt.
b **Welches Wort aus dem Wortspeicher kannst du in keine Lücke einsetzen?** _____

> **Wortspeicher**
>
> Umgebung Funksignal Roboter Bahn Verkehr Kutsche Orientierung Kamera
> Testfahrt Rücken Auto Wirklichkeit geben fahren sein nehmen

_____ , die ohne Fahrer fahren, das ist längst nicht mehr Science-Fiction, sondern _____ .

Forscher bringen den _____ auf vier Rädern bei, selbstständig und sicher im _____

_____ unterwegs zu sein. Um seine _____ zu erkennen, _____ die Testwagen

mit jeder Menge Sensoren und _____ ausgestattet. So _____ z. B. ein GPS-Empfänger

auf dem Dach _____ von Satelliten auf, die im All auf festen _____

kreisen. Sie _____ dem Auto _____ . Roboterwagen _____

_____ bald zuverlässiger als jeder Mensch. Im Innenraum kann man dann dem Straßenverkehr den

_____ kehren und wie in einer _____ miteinander plaudern.

Informationstexte verfassen – Thema „Fernsehen"

Methode	Einen Informationstext verfassen

In einem Informationstext **erklärst du Sachverhalte gut verständlich.** Dabei wählst du **Informationen aus verschiedenen Materialien** aus und verfasst einen neuen Text. Gehe so vor:

1 Die Aufgabenstellung verstehen
- Kläre, was die Aufgabenstellung von dir verlangt.
- Mach dir klar, für wen du den Text schreibst. Überlege, was für den Adressaten besonders wichtig oder interessant sein könnte.

2 Die Materialien erschließen
- Verschaffe dir einen Überblick über die Materialien und kläre unbekannte Wörter und Textstellen.

3 Die Gliederung erstellen
- Entwirf eine Gliederung für deinen Informationstext mit Einleitung, Hauptteil, Schluss.
- Überlege dir einen sinnvollen Aufbau für den Hauptteil, z. B.: Vergangenheit → Gegenwart → Zukunft.

4 Den Informationstext schreiben
- Formuliere mit eigenen Worten und schreibe sachlich.
- Nutze Satzverknüpfungen, um Zusammenhänge zu verdeutlichen, z. B.: *weil, obwohl, im Vergleich dazu* ...
- Schreibe im Präsens. Nur wenn du über etwas Vergangenes informierst, dann verwende das Präteritum.

---

1 Verfasse für deine Mitschüler auf der Grundlage der Materialien M 1 bis M 3 einen Informationstext zum Thema „Fernsehen – gestern, heute, morgen". Gehe so vor:
- **a** Unterstreiche in M 1 und M 3 Textstellen, die Informationen zum Thema geben.
- **b** Betrachte die Grafik M 2. Inwiefern unterstützt sie M 1 und M 3? Markiere in diesen zwei passende Textstellen.

M 1 Klicken statt Programm – Hat das Fernsehen ausgedient?

Das Onlineportal YouTube startete 2005 als Plattform zum Hochladen von Amateurvideos und hat sich in den letzten Jahren zu einem ernstzunehmenden Gegner für traditionelles Fernsehen entwickelt.
5 1935 startete in Deutschland das erste Fernsehprogramm zunächst mit Bildern in Schwarz-Weiß, 30 Jahre später folgte das Farbfernsehen. Bis ins Jahr 1984
10 mussten sich die Zuschauer mit den öffentlich-rechtlichen Sendern ARD und ZDF begnügen. Die Geburt des Privatfernsehens erfolgte 1984. Inzwischen gibt es mehrere hundert Fernsehsender in Deutschland, die meisten davon sind private Anstal-
15 ten.
Mittlerweile läuft das Internet den alten Fernsehsendern den Rang ab. In Deutschland zählt YouTube mehr als 38 Millionen Nutzer mit steigender Tendenz. YouTube hat es geschafft, die beliebteste Soci-
20 al-Media-Plattform der 12- bis 19-Jährigen zu werden. Die Videos von bekannten Onlinegrößen werden täglich tausendfach abgerufen. Und die You-Tube-Reichweite eines erfolgreichen Videobloggers ist höher als die der größten deutschen Sender zu-
25 sammengenommen.

Die Jugendlichen von heute wollen die Programme und die Zeit, zu der sie Videos anschauen, selbst bestimmen. „Die heutige Fernsehgeneration erfährt eine völlig neue ‚Programmierung' in ihrer Medien-
30 nutzung", sagt Markus Vorderberger, Medienwissenschaftler der Universität Berlin. Er meint: „In Zukunft wird man das Fernsehen einfach nicht mehr brauchen, weil alle gewünschten Inhalte auf YouTube zu sehen
35 sein werden. Außerdem empfinden es Jugendliche als nicht mehr mit dem heutigen Lebensrhythmus vereinbar, sich eine Zeit zu merken, zu der sie das Fernsehen einschalten müssen, um eine Sendung ihrer Wahl anschauen zu können."
40 Gerade die Vielfalt der Möglichkeiten, die Kostenfreiheit und die einfache Bedienbarkeit, die sozialen Vernetzungen und die immer besser werdenden technischen Möglichkeiten bieten hervorragende Grundlagen für eine fortschreitende Entwicklung
45 der Onlineplattformen.
Ob YouTube das Fernsehen jedoch wirklich ersetzen wird? Die Frage bleibt offen. YouTube ist nur *ein* Bestandteil des Medienkonsums.

M 2 Mediennutzung in Deutschland 2015

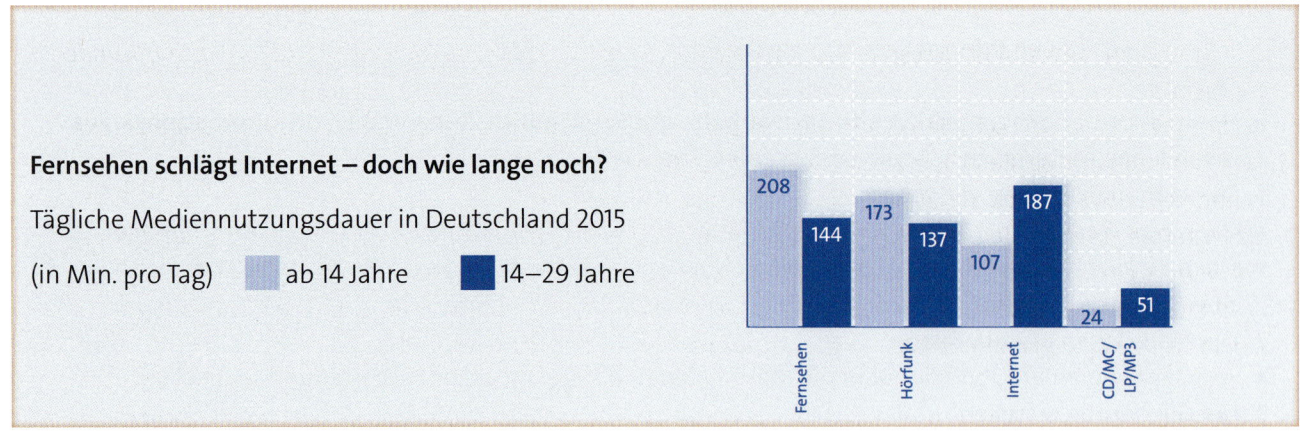

Fernsehen schlägt Internet – doch wie lange noch?

Tägliche Mediennutzungsdauer in Deutschland 2015

(in Min. pro Tag) ☐ ab 14 Jahre ■ 14–29 Jahre

208 144 173 137 187 107 24 51

Fernsehen Hörfunk Internet CD/MC/LP/MP3

M 3 Ist YouTube das neue Fernsehen? – Aussagen Jugendlicher

Natalie: Ich komme nach Hause und gucke zwei Stunden YouTube-Videos. Da wird meine Welt widergespiegelt. Es geht um Hausaufgaben, Pubertät und Liebesprobleme, Schminken, Style usw. Dazu
5 kann ich meine Kommentare abgeben, was im Fernsehen ja nicht geht.
Kerim: Ich finde es großartig, dass jeder dort etwas finden kann, was ihn interessiert.
Anna: Es ist faszinierend, in das Leben eines YouTu-
10 bers gucken zu können. Man fühlt sich den Bloggern so nah. Webvideo-Stars reden mit ihren Zuschauern. Das Internet bietet viele Möglichkeiten: Man kann

auf Kommentare eingehen und Kommentare schreiben. Jeder kann mitreden. Das ist anders als im Fernsehen.
15
Christine: Meine Eltern haben Angst, dass wir selbst im Internet auftauchen und Opfer von Cybermobbing werden.
Leon: Als YouTuber habe ich die Möglichkeit, viele Menschen anzusprechen, ohne über eine wie beim 20 Fernsehen nötige professionelle Ausstattung zu verfügen. Ich kann mit meinem Smartphone Videos aufzeichnen und diese weltweit, rund um die Uhr verbreiten.

2 **a** Zu welchem Gesichtspunkt zum Thema „Fernsehen – gestern, heute, morgen" findest du Informationen in den drei Materialien M 1 bis M 3? Kreuze an.

Fernsehen in der ...	M 1	M 2	M 3
Vergangenheit	☐	☐	☐
Gegenwart	☐	☐	☐
Zukunft	☐	☐	☐

b Notiere knapp die wichtigsten Informationen aus M 1 bis M 3 zu den drei Gesichtspunkten:

Fernsehen in der Vergangenheit: _____

_____

Fernsehen in der Gegenwart: _____

_____

Fernsehen in der Zukunft: _____

3 Werte die Grafik M 2 (▶ S. 10) aus.

  a Prüfe, ob die folgenden Aussagen stimmen. Streiche Falsches durch.

A Alle Befragten *ab/bis* 14 Jahren schauen *jedes Jahr/im Jahr 2015 jeden Tag/jede Woche* 208 *Minuten/Stunden* Fernsehen.

B *Nicht so viel/Viel mehr* schauen die 14- bis 29-Jährigen. Sie schauen insgesamt 64 Minuten *weniger/mehr*.

C Den Hörfunk nutzen die 14- bis 29-Jährigen *173/137* Minuten am Tag.

D Damit verhalten sie sich *ähnlich wie/anders als* beim Fernsehen.

E Das Internet nutzen alle Befragten ab 14 Jahren *häufiger/weniger* als *die Gruppe der 14- bis 29-Jährigen/ alle Befragten ab 14 Jahren*.

F Medien wie CD und MP3 nutzen alle *gleich/unterschiedlich* häufig. Sie werden am häufigsten je Tag *von allen Befragten ab 14 Jahren/von der Gruppe der 14- bis 29-Jährigen* genutzt.

  b Ergänze mit eigenen Worten die Folgerung, die man für die Zukunft aus dieser Grafik ziehen könnte:

Die Grafik zeigt, dass die _____ als der jüngere Teil aller Befragten vor allem

_____ und _____ nutzen. Das sind die so genannten _____ Medien.

Die älteren Medien wie _____ und _____ nutzen sie bereits _____.

Man kann daher vermuten, dass in Zukunft Fernsehen und Hörfunk _____ Rolle spielen.

4 **a** Ergänze den folgenden Schreibplan mit Hilfe des Wortspeichers.

  b Vervollständige den Schreibplan auch anhand deiner Ergebnisse zu den Aufgaben 2 bis 3 (▶ S. 10–11).

> gegenwärtige Trends durch Onlineplattformen   Geschichte des Fernsehens
> Vorhersagen über die weitere Entwicklung   eigene Einschätzung/Frage/Appell
> Thema: Veränderung des Fernsehens   Fernsehen – gestern, heute, morgen

Überschrift:

Einleitung:

Hauptteil:

Schluss:

5 Verfasse deinen Text mit Hilfe der beiden folgenden Seiten.

Alles YouTube? – Einen Informationstext einleiten und abschließen

1 Kläre noch einmal, bevor du zu schreiben beginnst, für wen du den Informationstext verfasst.
●○○

Adressaten: _____

Was sie besonders interessieren könnte: _____

2 **a** Markiere: Welche der folgenden Überschriften A bis C eignet sich für deinen Text?
●○○
  A Fernsehen oder YouTube?   B Fernsehen im digitalen Zeitalter   C Lebe wohl, altes Fernsehen!

  b Formuliere auch eine eigene Überschrift: _____

3 Eine Einleitung sollte den Leser neugierig machen und das Thema benennen.
●○○ Formuliere mit Hilfe des folgenden Wortspeichers eine Einleitung.

> Wortspeicher
>
> | | | |
> |---|---|---|
> | Für immer mehr Jugendliche … | Fernsehen ist nicht mehr Fernsehen … | Fernsehen selbstgemacht? |
> | Könnt ihr euch vorstellen, … | Das Internet schlägt das Fernsehen … | |

_____

_____

_____

_____

_____

4 Formuliere für deinen Informationstext einen Schluss.
●○○ Du kannst das Wichtigste zusammenfassen, einen Ausblick geben oder mit einem Appell schließen, z. B.:

Zusammenfassend ist festzustellen, dass sich das alte Fernsehen innerhalb eines halben Jahrhunderts

_____

_____ .

oder Ausblick: *Wahrscheinlich wird es so sein, dass* _____

_____ .

oder Appell: *Jeder, der vor allem YouTube nutzt, sollte sich klarmachen, dass* _____

_____ .

5 Bearbeite die nächste Seite, wenn du üben willst, einen vollständigen Informationstext zu verfassen.

Alles YouTube? – Den Hauptteil eines Informationstextes überarbeiten

1 Überarbeite mit Hilfe der folgenden Schreibtipps
●●● in der linken Randspalte die nebenstehenden
Sätze aus dem Hauptteil eines Informationstextes.
Arbeite in deinem Heft.

Schreibtipp: Formuliere sachlich.	*Noch vor sechzig Jahren gab es tatsächlich nur zwei Fernsehprogramme, die ihre Sendungen in langweiligem Schwarz-Weiß ausstrahlten. Unglaublich!* *Die coole Generation Online interessiert sich nicht mehr für die olle Glotze, sondern nur noch für YouTube und Co.*
Schreibtipp: Verwende eigene Worte, um Informationen aus dem Text zusammenzufassen.	*Inzwischen laufen das Internet und damit auch Videoportale den etablierten Fernsehsendern den Rang ab. In Deutschland zählt YouTube mehr als 38 Millionen Nutzer mit steigender Tendenz. YouTube hat es geschafft, die beliebteste Social-Media-Plattform der 12- bis 19-Jährigen zu werden.*
Schreibtipp: Stelle Verbindungen und Übergänge zwischen den einzelnen Informationen her. Nutze Verknüpfungswörter, z. B.: *während, aber, dennoch, stattdessen, im Vergleich dazu, im Gegensatz dazu, ebenfalls, ebenso.*	*Jugendliche wollen selbst entscheiden, was sie sich ansehen und wann sie Videos anschauen, und sie wollen sich ihr eigenes Programm zusammenstellen.* *Beim Fernsehen kann man nur zuschauen, bei YouTube ist ein Kontakt mit den Bloggern möglich.* *Jugendliche sind im Umgang mit Onlineplattformen vertraut, die Generation der Eltern fürchtet Cybermobbing.*

2 **a** Verfasse auf der Grundlage deiner Vorarbeiten (▶ S. 9–11) einen vollständigen Informationstext.
●●● **Tipp:** Für deine Einleitung und den Schluss kannst du auch auf die Förderseite 12 zurückgreifen.
b Überarbeite deinen Informationstext mit Hilfe der Checkliste.

Checkliste

Einen Informationstext verfassen

- Habe ich aus den Materialien die **wichtigsten Informationen** für meinen Text verwendet, um eindeutige Antworten auf Fragen zum Thema zu geben?
- Habe ich auch die **Informationen aus der Grafik** in Worte gefasst?
- Habe ich meinen Text nach **Gliederungspunkten** aufgebaut?
- Habe ich **eigene Worte** verwendet, um meinen Text zu verfassen?
- Habe ich **Verknüpfungswörter** genutzt, um Informationen sinnvoll miteinander zu verbinden?
- Ist ein **zusammenhängender, verständlicher Text** entstanden?
- Habe ich meinen Text **sachlich** genug geschrieben?
- Passt meine **Überschrift** zu meinem Text?
- Sind **Rechtschreibung** und **Zeichensetzung** richtig?

Argumentieren – Schüler helfen Schülern

Methode	In einem Leserbrief erörternd argumentieren

In einer erörternden Argumentation (z. B. in einem **Leserbrief**) stellst du **deine Meinung zu einem Thema** dar.

Dabei gehst du auf **Pro- und Kontra-Argumente** ein.

- In der **Einleitung** sagst du knapp, worauf du dich beziehst, und machst die Streitfrage auf interessante Weise deutlich. Du kannst auch schon kurz deine Meinung zum Thema sagen (ohne Begründung).
- Im **Hauptteil** nennst du Argumente, Gründe und Beispiele für (pro) und gegen (kontra).
    - **Am Anfang und am Ende** deines Textes sollten **starke Argumente für deine Position** stehen.
    - **Gegenargumente** nennst und entkräftest du am besten in der **Mitte,** sodass deine eigenen Argumente am Anfang und am Ende wirken können (= **Sandwich-Methode**).
- Zum **Schluss** rundest du den Text ab. Formuliere zur Streitfrage z. B. eine Forderung oder einen Vorschlag.

1 **Lies den folgenden Zeitungsartikel. Notiere die strittige Frage, um die es geht:**

Der Zeitungsartikel thematisiert

_____ .

Tutoren gestalten das Schulleben mit

Lehrkräfte und Eltern fragen sich, ob es sinnvoll ist, Schüler als Tutoren zur Betreuung jüngerer Mitschüler einzusetzen. Diese Tutoren sollen Jüngere unterstützen, sich in der neuen Schule einzugewöhnen. Sie können
5 *auch bei Streitigkeiten helfen und sind Ansprechpartner für Fragen. Die Patenschaften sollen auch dazu dienen, Lernschwierigkeiten zu bewältigen, z. B. durch Nachhilfe oder Lesetandems.*
Welche Argumente gibt es für und gegen ihren Einsatz?

PRO: Michael Planck, SV-Lehrer

10 Seitdem an unserer Schule Schülertutoren eingesetzt werden, fällt den neuen Schülern der Start an der neuen Schule viel leichter. Sie können mit allen Fragen zu den älteren Mitschülern gehen, die ein offenes Ohr für sie haben und ihnen helfen. Durch
15 gemeinsame Aktivitäten an Projekttagen oder bei Ausflügen unterstützen die Tutoren ihre Schützlinge und begleiten sie. Sie bereichern das Schulleben in vielerlei Hinsicht. Schülertutoren organisieren die Freizeit- und Pausengestaltung für jüngere Schüler,
20 sie organisieren eine Nachhilfebörse und geben hilfreiche Tipps, z. B. beim Umgang mit dem Computer und dem Gebrauch des Internets.
Auch die Schülertutoren selbst haben etwas von ihrer Rolle als Paten. Sie lernen, Verantwortung zu
25 übernehmen, und schulen sich in organisatorischen Fragen. Um den Tutoren ein Handwerkszeug zur Verfügung zu stellen, werden sie in besonderen

Übungsstunden vorbereitet. Dort lernen sie z. B. etwas über Kommunikations- und Lerntechniken und
30 wie man Freizeitaktivitäten anleiten kann. Letztendlich werden Schülertutoren von ihren jüngeren Mitschülern als Vorbild angesehen, was sowohl ihren sozialen Fähigkeiten zugutekommt als auch ihr Selbstbewusstsein stärkt.

KONTRA: Barbara Harnesch, Schülermutter

Schülerpatenschaften sind meines Erachtens noch 35 wenig überzeugend, da es oft zu Konfliktsituationen kommen kann, in denen die jugendlichen Helfer überfordert sind. Kleine Streitigkeiten können sicherlich gelöst werden, aber was geschieht zum Beispiel, wenn Schüler von Gruppen gemobbt werden? 40 Die Tutoren haben keine Erfahrung darin und sind zu wenig methodisch geschult. Hier sind Eltern, Schulen und Fachleute gefragt.
Ich lehne diese Patenschaften auch deshalb ab, weil

die älteren Schüler dadurch eigene Unterrichtsstun- 45
den verpassen. Sie sollten ihre Zeit lieber für das eigene Lernen nutzen. Auch wenn Schülertutoren auf
ihre Aufgaben vorbereitet werden, heißt dies nicht,
dass sie automatisch dafür geeignet sind und das Er-
lernte umsetzen können. Wer will sicherstellen, dass 50
sie nach einem solchen Schnellkurs stets pünktlich,
zuverlässig und geduldig mit den jüngeren Schülern
umgehen?
Meiner Meinung nach steht der organisatorische
Aufwand bezüglich Zeit- und Raumorganisation auf 55
Seiten der Lehrer und Schüler in keiner Relation
zum erhofften Ergebnis.

2 Finde auf der Grundlage des Zeitungsartikels Argumente für oder gegen den Einsatz von Schülertutoren.
a Markiere im Artikel die jeweiligen Argumente (Gründe).
b Trage die Argumente für oder gegen Schülertutoren stichwortartig in die folgende Tabelle ein.
c Formuliere nach Möglichkeit weitere Argumente dafür und dagegen.

Argumente	
PRO (dafür)	**KONTRA (dagegen)**
– erleichtern die Phase des Einlebens für jüngere Schüler	– verpassen eigenen Unterricht

3 **Welche Meinung hast du zum Thema?**

Schreibe einen Leserbrief an die Zeitung. Gehe so vor:

a **Kreuze an, welchen Standpunkt du vertreten willst:**

In meinem Leserbrief argumentiere ich ☐ *für /* ☐ *gegen den Einsatz von Schülertutoren.*

b **Wähle die für dich wichtigsten Argumente aus deiner Liste auf S. 15 aus.**
Notiere sie noch einmal knapp und formuliere Beispiele, die diese Argumente veranschaulichen.

Meine wichtigsten Argumente	Meine Beispiele zu den Argumenten
(1)	*(1)*
(2)	*(2)*
(3)	*(3)*

c **Schreibe in Stichworten einen Einwand auf, der gegen deine Meinung erhoben werden könnte.**

d **Entkräfte diesen Einwand mit einem weiteren Argument. Nutze die Formulierungshilfen aus dem Wortspeicher.**

Wortspeicher

Sicherlich kann man einwenden, dass …   Dennoch habe ich die Erfahrung gemacht, dass …
Obwohl … denken, dass …, muss man berücksichtigen, dass …
Es ist schon richtig dass, …   Es darf aber nicht übersehen werden, dass …

4 **Formuliere für den Schluss deines Leserbriefs eine Forderung ins Heft.**
Entscheide dich je nach deiner Position für A oder B und führe die Forderung aus.

A **PRO:** Auch wenn manche bezweifeln, ob …, so überwiegen die … Daher sollte …

B **KONTRA:** Selbst wenn sich Schülertutoren bereits an vielen Schulen bewährt haben, so …

„Ich meine ...“ – Mit der Sandwich-Methode überzeugend argumentieren

1 Formuliere mit Hilfe deiner Vorarbeiten (▶ S. 14–16) einen Leserbrief zur Fragestellung „Sollen Schülertutoren an Schulen eingesetzt werden?" Führe in der Einleitung auf interessante Weise in das Thema ein und mache die Streitfrage deutlich. Wähle und ergänze Einleitung A oder B.

A Orientierungslose Fünftklässler! Müssen es immer die Lehrer sein, die helfen können? Ich meine, Schüler können ...	B Reicht es nicht, wenn ich mich in der Schule auf mein eigenes Lernen konzentriere? Muss ich mich sozial engagieren? Ich meine daher, dass ...

_____

_____

_____

2 Verfasse deinen Hauptteil. Nutze die folgende Sandwich-Methode und die Formulierungshilfen.

a Beginne den Hauptteil mit einem starken Argument, z. B.:
Viele Schulen machen sehr gute Erfahrungen mit ...
Man weiß aus Statistiken, dass Beteiligte berichten, dass ...

b Nenne in der Mitte deines Hauptteils ein Gegenargument und entkräfte es, z. B.:
Zwar könnte man einwenden / gibt es Hinweise darauf, dass ...
Allerdings ist zu bedenken ...
Man weiß, dass ...

c Beende deinen Hauptteil mit einem zweiten starken Argument, z. B.:
Für/Gegen den Einsatz spricht insbesondere auch ...
Wichtig bleibt vor allem, dass ...

3 Um einen vollständigen Leserbrief zur Fragestellung zu prüfen, bearbeite die folgende Seite.

„Ich meine ..." – Einen Leserbrief kritisch prüfen und beenden

1 Entscheide, ob der folgende Text den Kriterien eines argumentierenden Leserbriefs entspricht.

a Gliedere den Leserbrief. Kennzeichne am Rand mit einer Klammer Einleitung und Hauptteil: }

b Markiere die wichtigsten im Text genannten Argumente.

c Notiere am Rand knapp eines der Gegenargumente und seine Entkräftung.

d Setze in der Checkliste hinter die jeweiligen Untersuchungskriterien entsprechende Smileys: ☺ ☺ ☹

Liebe Redaktion,

mit Interesse las ich den Artikel „Tutoren gestalten das Schul-
leben mit", in dem die Frage diskutiert wird, ob es sinnvoll sei,
Schülertutoren einzusetzen.

5 *Genau wie der SV-Lehrer bin auch ich der Überzeugung, dass*
der Einsatz von Schülertutoren nicht nur besonders lobenswert,
sondern darüber hinaus sehr gewinnbringend für alle Beteiligten
und das Schulleben im Allgemeinen ist. Immer mehr Schulen ge-
hen dazu über, Schülerpatenschaften einzurichten. Zu Recht! Als

10 *Schülerin einer zehnten Klasse habe ich selbst positive Erfahrun-*
gen als Tutorin sammeln können. Es ist großartig, ein Vorbild
zu sein und den jüngeren Schülern im Schulalltag zu helfen, z.B.
wenn sie wissen wollen, wie man bei einer AG mitmachen kann.
Tutoren aus meiner Gruppe haben sogar Nachhilfe- oder Frei-

15 *zeitangebote organisiert und auf diese Weise viele Fünftklässler*
zum Lernen motivieren können. Und wenn Auseinandersetzungen
zu lösen waren, haben wir das untereinander ohne Erwachsene
lösen können. Zwar könnte man einwenden, dass meine persön-
liche Lernzeit dadurch eingeschränkt wurde, allerdings kann ich

20 *diese Bedenken nicht teilen. Ich stelle im Gegenteil fest, dass*
die positiven Erlebnisse bei Weitem überwiegen. Ich selbst lerne
dabei auch eine Menge.
Es ist schon richtig, dass Schülertutoren nicht das fachliche
Wissen mitbringen, allerdings werden wir in Vorbereitungssemi-

25 *naren für unsere Aufgaben geschult. Man darf auch nicht außer*
Acht lassen, dass Lehrer unsere Tätigkeiten als Schülertutoren
begleiten und unterstützen.

2 Vervollständige im Heft den Leserbrief. Ergänze einen passenden Schlussteil.

Checkliste

Erörternd argumentieren

Wurde ...
- ... in der **Einleitung** auf interessante Weise zum Thema hingeführt und die Streitfrage deutlich gemacht?
- ... der eigene Standpunkt deutlich formuliert?
- ... im **Hauptteil** die Pro- oder Kontraposition mit zwei bis drei guten Argumenten angeführt?
- ... mindestens ein Gegenargument genannt und entkräftet?
- ... zu Beginn und am Ende des Hauptteils nach der Sandwich-Methode je ein starkes Argument genannt?
- ... in der Mitte ein Gegenargument entkräftet?
- ... die Argumentation durch Beispiele veranschaulicht?
- ... das vorhandene Material genutzt, um Argumente zu finden?
- ... im **Schlussteil** der eigene Standpunkt mit einer Forderung beendet?
- ... fehlerfrei geschrieben und die Nutzung von passenden Verknüpfungswörtern eingehalten?

Einen argumentierenden Sachtext analysieren – Personal Trainer to go?

1 a Lies den folgenden Text und markiere Angaben zu:
  - Name der Autorin,
  - Titel,
  - Erscheinungsort und -jahr.
  b Unterstreiche in jedem Textabschnitt Schlüsselwörter mit wichtigen Informationen.

Ria Lichter

Fitnessarmband statt Personal Trainer?   (Jugendzeitschrift just4fit; 25.01.2016)

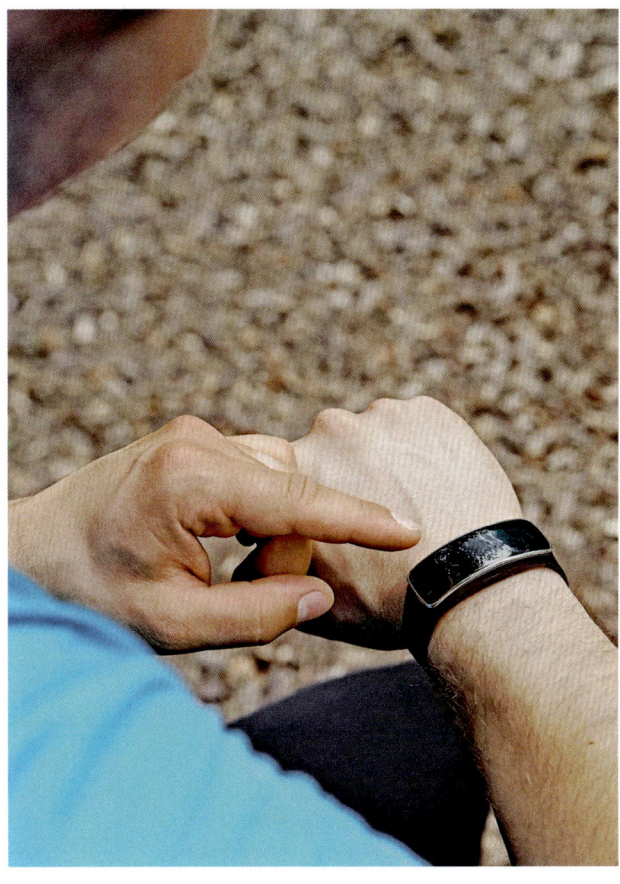

❶ Der Winter ist vorbei, der Sommer naht, aber der Körper lässt noch zu wünschen übrig, um für den Strand tauglich zu sein. Für immer mehr Freizeit-sportler scheint die Lösung darin zu liegen, täglich
5 das Fitnessarmband überzustreifen und die Schritte zum perfekten Körper zu zählen. Abends wird geprüft, ob Schrittzahl, Kalorienverbrauch und Herzfrequenz dem gewünschten Trainingsprogramm entsprechen. Branchenexperten gehen davon aus,
10 dass der Absatz der Geräte auf dem Weltmarkt zunehmend steigen wird.
❷ Die modernen Fitnessarmbänder vermitteln ihrem Träger den Eindruck, dass man mit ihnen den inneren Schweinehund überwinden kann und aus
15 einem trägen Sportmuffel eine feurige Sportskanone wird. Aber passiert das wirklich? Von vielen jungen Leuten werden die bunten Bänder lediglich als modisches Accessoire oder Symbol für eine vermeintliche Sportlichkeit getragen. Als Motivations-
20 hilfe geeignet, ersetzen sie jedoch nicht die Laufschuhe und Jogginghose. Die Verkaufszahlen der z. T. kostspieligen Fitnessarmbänder lassen vielmehr die Umsätze der Hersteller auf dem US-amerikanischen und chinesischen Markt ansteigen.

③ Die Fitnessarmbänder passen nur zu gut in die allgemeine Entwicklung der Digitalisierung des Alltagslebens. Tag für Tag berechnen, speichern, sammeln die Geräte eine riesige Menge an Daten. Sie ersetzen auf diese Weise den „Personal Trainer" aus Fleisch und Blut, und es gibt dann niemanden mehr, der persönlich die Zeit stoppt, im Stadion anfeuert oder die geschwommenen Bahnen ansagt. Zwar haben Fitness-Sportarten wie Jogging, Walking, Schwimmen und Radfahren weiterhin einen ungebrochen großen Zustrom, aber müssen dabei zwingend so genannte Wearables – technische Geräte, die man am Körper trägt – den Spaß, die Motivation und die persönliche Leistung voranbringen? Statt eines „Begleiters" am Handgelenk sollten Laufpartner, Freunde oder Vereinskollegen Rückmeldung über Kondition oder die zurückgelegte Wegstrecke geben. Selbst Sportmediziner und Sportpsychologen stehen der Entwicklung mit gemischten Gefühlen gegenüber. Womöglich steigt das Verletzungsrisiko, wenn statt eines fachkundigen Trainers ein Wearable die Menschen zu sportlichen Leistungen anspornt.

④ Mit Hilfe der Fitnessarmbänder werden Ergebnisse rein technisch erfasst und an den Sportler weitergegeben. Hoch lebe das Aufzeichnen personenbezogener Daten! Verbraucherschützer warnen nicht ohne Grund vor dem gläsernen Kunden. Wenn die Fitnessuhren geknackt werden, erführe die Öffentlichkeit sensible, persönliche Informationen über ihre Träger. Außerordentlich interessant wäre das beispielsweise für Versicherungsunternehmen oder Krankenkassen. Sie könnten nach diesen Daten aktive und fleißige Freizeitsportler belohnen oder aber durch höhere Tarife bestrafen, wenn die Besuche im Fitness-Studio nachließen und die aufgezeichneten Werte rückläufig wären. Es ist ohne Zweifel wünschenswert, dass sich die Menschen mehr bewegen, um körperlich und geistig länger fit zu bleiben, aber es müssen nicht elektronische Geräte sein, die sich zu Fitnesseinpeitschern aufschwingen.

---

2 **Worum geht es in dem Text? Kreuze die richtige Aussage an: In dem Text geht es um ...**

A	... die Werbeanzeige eines Herstellers von Fitnessarmbändern und deren Vorzüge.	☐
B	... um die rechtlichen Bestimmungen des Tragens von Fitness-Uhren beim Freizeitsport.	☐
C	... Vorteile von Fitnessarmbändern, die Träger bei Krankenversicherungen genießen.	☐
D	... Argumente, die gegen die zunehmende Nutzung von Fitnessarmbändern sprechen.	☐

---

3 **Fasse deine Unterstreichungen zu Aufgabe 1 b zu vier Zwischenüberschriften zusammen.**

	Zwischenüberschriften
❶	*Immer mehr Freizeitsportler ...*
❷	
❸	
❹	

---

4 **Verfasse mit Hilfe deiner Markierungen zu Aufgabe 1 a einen Einleitungssatz. Ergänze:**

In dem Artikel „_____" von _____, erschienen am _____, in

der Jugendzeitschrift „just4fit, geht es um _____

_____

_____ .

Schlau aneinandergefügt – Argumente untersuchen

1 Formuliere für den Hauptteil einer Sachtextanalyse, wie die Autorin ihre
Argumentation aufbaut, um die Leser zum Schluss von ihrer Meinung zu überzeugen.

a Lies den Zeitungstext (▶ S. 19–20) erneut. Markiere in jedem Abschnitt das Hauptargument.

b Stelle die Argumente und ihren Zusammenhang mit eigenen Worten dar.
Nutze die Formulierungen im Wortspeicher.

> **Wortspeicher**
>
> – Die Autorin informiert den Leser zunächst über …
> – Grundsätzlich vertritt Ria Lichter den Standpunkt, dass …
> – Ihr wichtigstes Argument lautet, dass …
> – Im Anschluss daran stellt die Autorin … vor. Dabei greift sie auf …

_____

_____

_____

_____

_____

_____

_____

_____

_____

2 Untersuche die Wirkungsabsicht (Intention) des Sachtextes.

a Kreuze an, welcher der folgenden Schüleraussagen du zustimmst.

A *Die Absicht der Autorin besteht darin, ihre Leser dazu aufzufordern, Fitnessarmbänder Leistungssportlern zu überlassen, weil diese einen solchen Einpeitscher besser gebrauchen können.*

B *Die Autorin kritisiert den Trend im Freizeitsportbereich und möchte ihre Leser davon überzeugen, dass es nicht gut ist, sich mit Fitnessarmbändern zu motivieren und sich allein auf sie beim Sport zu verlassen.*

b Begründe deine Wahl.

Ich stimme Aussage _____ zu, weil _____

_____

_____

3 Bearbeite die Folgeseite, wenn du üben möchtest, den Sachtext sprachlich genauer zu analysieren.

Mit Bedacht gewählt – Sprachliche Mittel untersuchen

1 Sprachliche Mittel können dazu dienen, eine Meinung ausdrucksvoll zu formulieren.

a Ordne mit Pfeilen den Textbeispielen A bis D das jeweilige sprachliche Mittel 1 bis 4 richtig zu.

b Suche im Zeitungstext (▶ S. 19–20) weitere Beispiele für Fachsprache, Aufzählungen, rhetorische Fragen und bildhafte Ausdrücke. Schreibe sie ins Heft und notiere ihre Wirkung.

Textbeispiel	Sprachliches Mittel und seine Wirkung
A „[...] aber müssen dabei zwingend so genannte Wearables ...?" (Z. 35–38)	1 Fachsprache: soll zeigen, dass man sich in der Sache auskennt und gut informiert ist
B „Branche", „Digitalisierung", „Personal Trainer", „Wearables" (Z. 9, 26, 29, 36)	2 Aufzählung: Vielfalt und Sachkenntnis werden aufgezeigt
C „feurige Sportskanone", „elektronische [...] Fitnesseinpeitscher", (Z. 15 f., 63)	3 rhetorische Frage: weckt das Interesse des Lesers und nimmt die Antwort vorweg
D „berechnen, speichern, sammeln" (Z. 27 f.)	4 bildhafter Ausdruck: wirkt anschaulich, auffällig und bleibt im Gedächtnis

c Im Hauptteil einer Sachtextanalyse erläutert man, wie im Text mit welcher Wirkungsabsicht (Intention) argumentiert wird. Formuliere die Ergebnisse aus Aufgabe 1 a/b als ganze Sätze. Schreibe ins Heft.

Du kannst die folgenden Formulierungsbausteine nutzen:
- *Der Text wirkt wissenschaftlich und glaubhaft durch ...*
- *Die Verfasserin verdeutlicht ihre Position anhand ...*
- *Es wird mit Hilfe von ... argumentiert ...*
- *Durch die Verwendung von ... und ... entsteht der Eindruck, dass ...*
- *Indem die Autorin ... verwendet, unterstreicht sie ...*

2 Wie ist deine Meinung zum Thema? Argumentiere! Nutze die Formulierungshilfen, z. B.:

Meiner Ansicht nach ... Das kann ich durch eigene Erfahrungen ...

So kann ich der im Text vertretenen Meinung nicht/nur zum Teil zustimmen ...

3 **a** Schreibe mit Hilfe deiner Vorarbeiten eine vollständige Sachtextanalyse (Methode, ▶ S. 19).

b Nutze die Checkliste für eine abschließende Kontrolle.

Checkliste ✔

Einen Sachtext analysieren

Habe ich ...
- ... in der **Einleitung** Autor/-in, Textsorte, Titel, Erscheinungsjahr und Thema genannt?
- ... im **Hauptteil** den **argumentativen Aufbau** des Textes Abschnitt für Abschnitt beschrieben?
- ... die im Sachtext **vertretene Meinung** dargestellt?
- ... die **sprachlichen Mittel und deren Wirkung** erläutert?
- ... am Schluss meine **eigene Meinung** zum Thema des Sachtextes deutlich formuliert?
- ... die Regeln der **Rechtschreibung und Zeichensetzung** beachtet?
- ... den Text im Wesentlichen im **Präsens** geschrieben?

Grafiken verstehen und auswerten – Wearables und Fitness

Methode	Diagramme, Karten und Grafiken lesen und auswerten

Zeitungsartikel enthalten häufig neben dem geschriebenen Text Grafiken (Schaubilder/Diagramme) oder Karten. Diese geben oft **zusätzliche Informationen** oder fassen die wichtigsten aus dem Text zusammen.
Du kannst sie so erschließen und beschreiben:

- Lies zuerst die **Überschrift.** Sie nennt in der Regel das Thema: Worüber wird informiert?
- Benenne die Art des **Diagramms,** z. B.: *Säulen-, Balken-, Kreisdiagramm, Erklärgrafik.*
- Bestimme die **Herkunft der Quelle** und die **Einheit der Angaben,** z. B.: *in Prozent, in Millionen.*
- Bringe **Textteile, Zahlenangaben** und bildliche Darstellung in einen **Zusammenhang.**
- **Vergleiche auffällige Werte,** z. B. höchste/niedrigste Werte. Was sagen sie im Vergleich aus?
- Nenne **mögliche Gründe** für die auffälligsten Werte.

1 **a** Lies die Überschrift sowie die aufgeführten Informationen in der folgenden Grafik aus dem Jahr 2015.

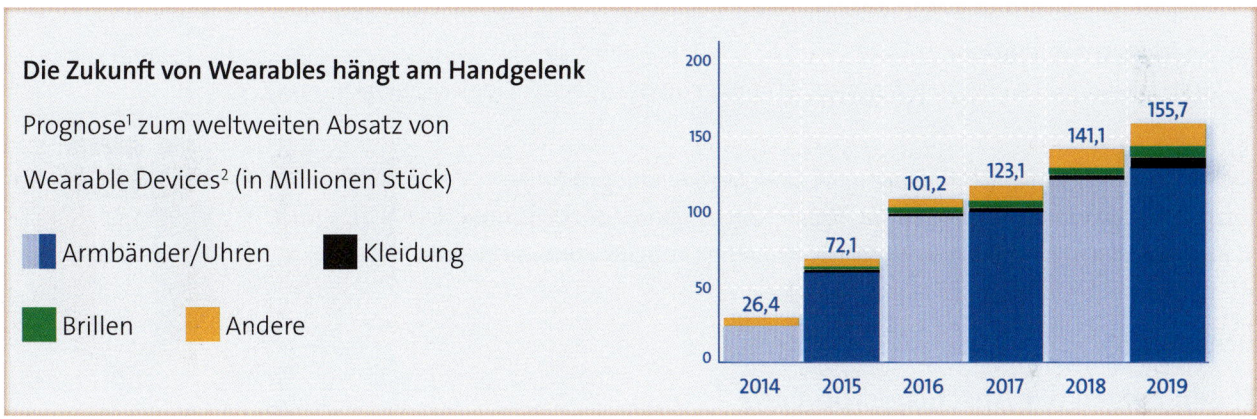

1 die Prognose: Voraussage, Annahme
2 Wearable Devices: tragbare (digitale) Datengeräte

b Kreuze an, ob die Aussagen A bis F zur Grafik richtig oder falsch sind.

	richtig	falsch
A Die Grafik ist ein Kreisdiagramm mit Angaben in Prozentwerten.	☐	☐
B Die Zukunft der Wearables ist besonders für Armbänder und Uhren vielversprechend.	☐	☐
C Unter Wearables versteht man Messgeräte, die man am Körper trägt.	☐	☐
D Brillen und Kleidung machen den größten Anteil des Absatzes von Wearables aus.	☐	☐
E Die Absatzzahlen beziehen sich auf den europäischen Markt.	☐	☐
F Laut Prognose aus dem Jahr 2015 werden bis 2019 155,7 Millionen Wearables verkauft.	☐	☐

2 Verfasse in deinem Heft einen kurzen Begleittext zur Grafik, der die wichtigsten Ergebnisse in Worte fasst. Der Text soll zusammen mit der Grafik in der Schülerzeitschrift veröffentlicht werden.

In der als ...diagramm gestalteten Grafik aus dem Jahr ... mit dem Titel „...“ geht es um die voraussichtlichen ... von .... Das sind ..., die man z.B. ... tragen kann. Während im Jahr 2014 insgesamt ... abgesetzt wurden, sind es im Jahr 2015 bereits ... Und ... soll er sich annähernd ... haben. Das bedeutet für Unternehmen, dass ...

Eine Rede analysieren – „Wir sind Charlie!"

Methode	Eine Rede analysieren

Eine **Redeanalyse** sollte man wie folgt **aufbauen** und darin nachstehende **Fragen beantworten:**

1 Redesituation
Was ist der Anlass der Rede? Welche Rolle spielen Ort und Zeit? Wer ist das Publikum?

2 Thema, Hauptaussagen, Argumente
Wie lautet das Thema der Rede? Was sind die Hauptaussagen?
Welche Argumente und Beispiele werden zu den Aussagen vorgebracht?

3 Sprachliche Mittel
Welche der folgenden sprachlichen Mittel fallen auf? Wie wirken sie?
– **Wortwahl und Sprachstil:** bildhafte Elemente, Vergleiche, Paarbegriffe, Wiederholungen
– **persönliche Anrede des Publikums:** Anredepronomen, Personalpronomen *wir*, um ein Gemeinschaftsgefühl zu erzeugen
– **Aufrufe und Appelle,** z. B. durch Modalverben wie *müssen, sollen, wollen*
– **Fahnen- und Stigmawörter:** Wörter mit einem hohen oder negativen Wert
– **rhetorische Fragen** (Scheinfragen): Fragen, die die Zuhörer in die Überlegung einbeziehen, obwohl die Antwort bereits klar ist, z. B: *Wollt ihr wirklich Schwäche zeigen?*
– auf- und abwertende Formulierungen, z. B.: erschüttern ↔ verteidigen, Demokratie ↔Terror

4 Redeabsicht (Intention)
Soll das Publikum informiert, aufgeklärt oder zum Handeln bewegt werden?

„Ich bin Charlie!" ist ein Slogan, der nach dem Terroranschlag auf die französische Satirezeitschrift „Charlie Hebdo" am 7. Januar 2015 entstand. Der Wahlspruch soll die Verbundenheit mit den ermordeten Redaktionsmitgliedern ausdrücken.

Joachim Gauck

Zu den Folgen der Anschläge von Paris
Rede des Bundespräsidenten zum Neujahrsempfang im Schloss Bellevue (Berlin, 9. Januar 2015)

❶ Wie in jedem Jahr versammeln sich hier im Schloss Bellevue Menschen, die unser Land prägen, zum Neujahrsempfang. Aber in diesem Jahr schauen wir nicht nur uns selber an, sondern wir blicken nach Frankreich. Denn das abscheuliche Verbrechen, das in Paris geschah, das war ein Angriff auf die Freiheit – auf die Freiheit der Franzosen, auf die Freiheit der Europäer.

❷ Wir sind erschüttert und fas–sungslos. Aber jene, die solche Taten verüben oder damit sympathisieren, auch jene, die daraus Kapital schlagen wollen – ihnen allen sagen wir: Das Attentat erschüttert uns, aber es erschüttert nicht unsere Überzeugungen! Wir werden unsere Freiheit nicht einschränken, wir werden sie gebrauchen. Wir verteidigen gerade jetzt das freie Wort, die Demokratie, die ohne Pressefreiheit ihre Lebenskraft verliert. Wir stehen ein für die Versammlungsfreiheit und für die Religionsfreiheit – für die Freiheit insgesamt. Ich bin sicher: Unsere Demokratie ist stärker als der Terror. Und: Wir lassen uns durch Hass nicht spalten.

❸ Als Gemeinschaft der Demokraten stehen wir zusammen. Für uns ist nicht entscheidend, wie jemand heißt oder wer seine Mutter ist, an welchen Gott er glaubt oder welche Feste er feiert. Für uns zählt, was die Verschiedenen miteinander verbindet: das Bekenntnis zu Verfassung, Rechtsstaat und Menschlichkeit. Das ist das Fundament einer Gesellschaft, in der

wir alle friedlich miteinander leben können. Dafür setzen sich in diesen Tagen Hunderttausende ein,
45 Anhänger der verschiedensten politischen Lager und Religionen, darunter Christen, Muslime und Juden. Die Botschaft ist ganz eindeutig: Unsere Gemeinschaft ist groß. Und sie ist stark.

❹ Wir lassen sie durch Extremisten, gleich welcher
50 Richtung, nicht klein und nicht schwach machen.

Wir sind weder ohnmächtig noch hilflos: Wir haben entschlossene Bürger und wir haben Institutionen und Gesetze, um Fanatismus und Gewalt zu begegnen. Wir trauern um die Opfer von Paris. Wir fühlen mit den Familien. Wir sind solidarisch mit unseren 55 Freunden in Frankreich. Ich schließe mich all denen, den Millionen Menschen an, die auf der ganzen Welt bekennen: Wir sind Charlie!

---

1 Zu welchem Anlass hielt der Bundespräsident diese Rede?

---

2 **a** Markiere in der Rede Antworten auf die wichtigsten W-Fragen.

b Veranschauliche die Informationen in Stichworten in der folgenden Übersicht:

Wer redet?	Wer sind die Adressaten? Vor wem wird gesprochen?	
Wann und wo wurde die Rede gehalten?	**„Wir sind Charlie!"**	Welcher Anlass führte zur Rede?
Wie lautet das Thema der Rede?		Welches Ziel verfolgt der Redner?

c Formuliere anhand deiner Vorarbeiten einen Einleitungssatz in deinem Heft. Nenne auch das Thema:

Am ... hielt der ... in ... eine Rede. Anlass der Rede ... Thematisch geht es um ...

---

3 **a** Notiere für den Hauptteil deiner Redeanalyse die Hauptaussagen.
Formuliere sie für die einzelnen Redeabschnitte.

Abschnitt: ❶ Z.1–8	*Das Attentat in Paris ist ein Angriff auf die Freiheit.*
Abschnitt: ❷ Z.9–28	
Abschnitt: ❸ Z.29–48	
Abschnitt: ❹ Z.49–58	

b Nutze die Hauptaussagen, um den Inhalt mit eigenen Worten im Heft zusammenzufassen.

---

4 Besonders auffällig in der Rede des Bundespräsidenten ist der Gebrauch der sprachlichen Mittel.

a Markiere in der Rede alle Personal- und Prossesivpronomen.

b Formuliere, was dir mit Blick auf die Pronomen auffällt.

Joachim Gauck verwendet vor allem _____ .

5 Welche Wirkung hat dieses sprachliche Mittel (▶ Aufgabe 4, S. 25)?
Ergänze den folgenden Lückentext aus einer Redeanalyse eines Schülers. Nutze den Wortspeicher.

Wortspeicher

| Pronomen | Verbundenheit (Solidarität) | unser(e) | sprachliche Gestaltung |
| uns | stärken | „Wir sind Charlie!" | Zusammengehörigkeitsgefühl |

Untersucht man die _____ der Rede, so fällt auf, dass der Bundespräsident

fast ausschließlich die _____ „wir" (z.B. Z. 9, 15, 20)

„_____" (z.B. Z. 2 u. 18) „_____" (z.B. Z. 17 u. 35) verwendet. Dies soll bei den Zuhörern sowohl

das Gemeinschaftsgefühl untereinander als auch die _____ mit den europäischen Partnern

_____ . Der Gebrauch dieser Pronomen gipfelt in dem Satz _____,

der als Wahlspruch für das neue _____ gedeutet werden kann.

6 a Ordne mit Pfeilen den Textbeispielen A bis C das jeweilige sprachliche Mittel 1 bis 3 richtig zu.
b Suche weitere Beispiele für den Gebrauch von Aufzählungen, Fahnen- und Stigmawörtern sowie Appellen im Text. Schreibe sie heraus und notiere ihre Wirkung.

Beispiel aus dem Text	Sprachliches Mittel und seine Wirkung
A „[...] ein Angriff auf die Freiheit – auf die Freiheit der Franzosen, auf die Freiheit der Europäer." (Z. 6–8)	1 Aufruf/Appell: verstärken die Aufforderung, etwas zu tun
B „Verbrechen" (Z. 5–6), „Freiheit" (Z. 7), „Demokratie" (Z. 23, 27), „Terror" (Z. 27–28)	2 Aufzählung: zeigt die Vielfalt des Themas an und steigert die Aussage
C „Wir lassen uns [....] nicht spalten [...]. Wir lassen sie [...] nicht schwach machen. [...] Wir sind Charlie!" (Z. 28, 49 f., 58)	3 Fahnenwörter/Stigmawörter: Erstere verstärken den positiven Wert der Aussage und den der eigenen Gemeinschaft; Letztere rücken den Gegner in ein negatives Licht.

7 a Was bezweckt der Redner mit den folgenden Aussagen?
Entscheide, ob das Publikum informiert, aufgeklärt oder zum Handeln bewegt werden soll.

Aussage	Vom Redner verfolgtes Ziel
„Und: Wir lassen uns durch Hass nicht spalten." (Z. 28)	
„Unsere Gemeinschaft ist groß. Und sie ist stark." (Z. 47–48)	
„[...] die auf der ganzen Welt bekennen: Wir sind Charlie!" (Z. 57 f.)	

b Verfasse eine vollständige Analyse der Rede (▶ S. 24–25) mit Einleitung, Hauptteil und Schluss.
c Nutze die Methode auf S. 24 als Checkliste für eine abschließende Kontrolle.

Eine Kurzgeschichte interpretieren – „Ich sehe dich!"

Charlotte Dreßen

Begegnung auf Augenhöhe (2009)

„Er kennt Sie nicht. Das dürfen Sie nicht persönlich nehmen", raunt mir Schwester Anne noch einmal zu, bevor sie mir die Tür zu seinem abgedunkelten Zimmer öffnet. Sie sagt es jedes Mal, wenn ich zu
5 Besuch komme. Als ob ich es in den Wochen seit dem letzten Besuch vergessen haben könnte – so wie er alles vergisst, sobald es aus seinem Blickfeld verschwunden ist. Aber sie irrt sich. Natürlich kennt er mich. Sie verwechselt da einfach etwas: Er kennt kei-
10 ne Namen und keine Wörter mehr, keine Sprache, kein Gestern und kein Morgen. Aber mich kennt er. Besser als je zuvor. Auch wenn er meinen Namen nicht weiß und keine Erinnerung mehr daran hat, dass er mein Vater ist. Ich sehe ihn auf dem Bett
15 liegen. Es scheint ein guter Tag zu sein. Die Decke liegt glatt über seinem verwelkten, abgemagerten Körper. Sein gestreifter Schlafanzug ist sauber, jedes Kleidungsstück scheint am richtigen Platz. Die Bettgitter sind hochgeklappt, aber er ist nicht angebun-
20 den. Der Nachttisch steht außer Reichweite. Ein paar gelangweilte Staubkörner haben sich darauf niedergelassen. Er hat die Augen geöffnet. Sein Blick ruht konzentriert auf seinem linken Arm, verfolgt die Linie der spärlichen Haare auf der faltigen Haut. Er
25 wendet mir nicht den Kopf zu, als ich den Raum betrete. Ich gehe zum Fenster, öffne die Fensterflügel.

Trübes Regenlicht sickert ins Zimmer. Langsam läuft der Raum voll. Erst als sein Bett auf dem Regenlicht zu schwimmen beginnt, wendet er sich mir zu. Sein Blick ist leise.
30 „Guten Tag", sagen seine Augen. „Ich sehe dich." Die Worte wandern durch das Regenlicht, suchen sorgfältig ihren Weg durch die schwirrenden Gedanken. Bis sie sich wie zufällig vor meinen Augen niederlassen. Etwas überrascht sehen sie aus, diese
35 Worte, aber freundlich und zutraulich. Ich nehme sie schüchtern in Empfang, weise ihnen den Weg zu meinem Herzen und zeige ihnen dort ihren Platz. „Guten Tag", sagen dann auch meine Augen. „Ich sehe dich auch." Die Antwort ist scheu. Traut sich
40 nicht so recht heraus. Verweilt ein wenig an der Deckenlampe, bevor sie zögernd auf ihn herabsinkt. Immer zur Flucht bereit, eine falsche Bewegung reicht, um sie zu verjagen. Nicht jedes Mal ist sie willkommen. Es gibt auch andere Tage. Aber heute
45 bewegt er sich nicht. Hält ganz still. Lässt die Antwort kommen und betrachtet sie mit einer Mischung aus Erstaunen und Neugierde. Sie scheint ihm zu gefallen. Sein Herz öffnet sich zu einer weiten, sam-

tigen Lounge[1], in der sich die Worte bequem niederlassen. Es ist ein guter Tag. Dann ist erst mal genug Zwiesprache gehalten. Er wendet seinen Kopf ab und unterhält sich mit dem Nagel etwas oberhalb des Blumenbildes an der Wand. Ein angeregtes, wortloses Gespräch über das Wetter, die Tapete und die lästigen Fliegen entspinnt sich. Das Regenlicht steigt weiter. Ich sehe aus dem Fenster. Trotz des regnerischen Wetters drehen einige Familien draußen im Park ihre Runden. Berollstuhlte Ahnen werden vorsichtig zwischen den Rabatten[2] arrangiert. Frische Luft wird dir guttun. Hast du heute schon deine Medikamente genommen? Du sollst doch nicht so unhöflich sein zu Schwester Anne. Nein, der Pfleger hat deine Lesebrille bestimmt nicht gestohlen, du hast sie verlegt. Die Worte dampfen aus den Besuchergrüppchen wie der Morgennebel aus einer feuchten Wiese. Ganz dunstig ist es schon da. Seine Augen haben wieder die Stimme erhoben. „Ich sehe dich", sagen sie. Und schweigen erneut einladend. Diesmal kommt die Antwort schon mutiger. „Ich sehe dich auch", erwidert mein Blick. Ich nehme die Einladung an, vielen Dank. Ein leises Lächeln huscht über seine Züge. Schalkhaft, verschmitzt. Dann: ungläubiges, hoffnungsfrohes Erstaunen: „Du siehst mich." Das Erkennen hüpft aufgeregt über die glattgestrichene Bettdecke. Tollt wie ein junges Lamm über die abwaschbare Tapete und das hygienische Linoleum[3].

Sein Lächeln bleibt in den Augenwinkeln hängen, nistet sich dort ein und macht es sich gemütlich. Es scheint bleiben zu wollen. Er sieht wunderschön aus. Ecce homo[4], seht, welch ein Mensch! Ich kann meinen Blick nicht abwenden. Mein Herz schnurrt vor Wonne kleine, birkengrüne Wolken. Sie duften nach Kartoffelpuffer und Schaumbad, nach den guten Momenten unserer gemeinsamen Geschichte.

Aus seinen lachfaltigen Augen blubbern ebenfalls Lichtblasen. Hellgelb und hellblau, wolkenduftig wie ein Wald im Frühling. Wir sehen den Lichtwolken zu. Sie umkreisen einander, verschmelzen, bilden farbenfrohe Gedanken, Erinnerungen, Lieder. Lange. Bis sein Blick sich müde verschleiert. Das Blubbern wird leiser. Die Augenlider sinken zu. Sein Atem wird tief und gleichmäßig. Das Regenlicht gerät durch sein Atmen in Bewegung. Feine Wellen entstehen, die aus dem Fenster schwappen. Die Lichtwolken werden diffuser[5] und lösen sich schließlich auf. Sie hinterlassen kleine, schillernde Flecken im Raum, wie zerplatzte Seifenblasen. Er schläft. Ich schließe leise das Fenster, ziehe die Vorhänge halb zu. Lege ihm die Schokolade, die ich mitgebracht habe, auf den Nachttisch. Die Staubkörner rücken murrend beiseite. Küsse ihn zum Abschied auf die Stirn und verlasse das Zimmer.

Schwester Anne sitzt am Computer. „Ihr Vater kriegt leider nicht mehr viel mit, aber wir bemühen uns, es ihm so angenehm wie möglich zu machen", sagt sie fast entschuldigend zu mir, als ich vorbeigehe. „Dabei war der Herr Professor so ein geistreicher, feiner Herr bis zu seinem Schlaganfall, – aber jetzt …"
Sie erstaunt mich erneut. Wie leicht die Menschen zu täuschen sind! Ich schlage die Augen nieder und gehe schweigend zum Ausgang. Sie wird es für Betroffenheit halten. Dabei soll sie nur nicht die Lichtblasen entdecken, die ich in meinen Augen mit rausschmuggle. Das bleibt unser Geheimnis.

---

1 die Lounge: schön eingerichteter Warte- oder Aufenthaltsraum

2 die Rabatte: kleinere Grünflächen für Pflanzen

3 das Linoleum: ein Bodenbelag

4 Ecce homo!: Bibelzitat, lateinisch; Bedeutung: Seht, welch ein Mensch!

5 diffus: unscharf, verschwommen, schattenhaft

1 **Beschreibe in Stichworten deinen ersten Leseeindruck der Kurzgeschichte.**

_____

_____

2 **Welche der folgenden Aussagen gibt das Thema der Kurzgeschichte treffend wieder? Kreuze an: Thema ist …**

A ☐ ein Streit zwischen Vater und Kind

B ☐ die Einsamkeit eines älteren Ehepaars

C ☐ eine Verständigung ohne Worte

D ☐ ein Missverständnis mit Folgen

3 **Fasse mit Hilfe der folgenden Satzanfänge den Inhalt der Kurzgeschichte in deinem Heft zusammen.**
Der/Die Jch-Erzähler/-in besucht … Er/Sie erwartet, dass … Als er/sie in sein Zimmer kommt, …
Nachdem der/die Jch-Erzähler/-in das Fenster geöffnet hat, … Schließlich schläft …
Der/Die Jch-Erzähler/-in verlässt … Die Art, wie er/sie sich mit ihm verständigt, …

4 Was denkt und fühlt der/die Ich-Erzähler/-in? Halte die innere Handlung vor und nach dem Besuch beim Vater fest. Notiere in den beiden Denkblasen entsprechende Textstellen:

vor dem Besuch (Z. 1–14)   nach dem Besuch (Z. 105–116)

5 **a** In welcher Beziehung stehen die drei Figuren zueinander?
Prüfe, ob die folgenden Aussagen richtig oder falsch sind.
b Berichtige die falschen Aussagen in deinem Heft.

	richtig	falsch
A Schwester Anne hat viel Verständnis für den Vater.	☐	☐
B Der/Die Ich-Erzähler/-in und den Vater verbindet eine liebevolle Beziehung.	☐	☐
C Schwester Anne kann die Gefühle des Ich-Erzählers/der Ich-Erzählerin nicht nachvollziehen.	☐	☐
D Der Vater sagt, dass er Schwester Anne gern mag.	☐	☐
E Der/Die Erzähler/-in und Schwester Anne verstehen sich sehr gut.	☐	☐
F Der/Die Erzähler/-in gelingt es nicht, eine enge Verbundenheit zum Vater zu zeigen.	☐	☐

6 Kurzgeschichten erzählen meist einen aussagekräftigen Abschnitt aus dem Leben und Alltag einer Figur. Begründe, ob Aussage A oder B das besser für die Kurzgeschichte „Begegnung auf Augenhöhe" erklärt.

A Ich finde, dass die Kurzgeschichte einen aussagekräftigen Moment im Leben des Ich-Erzählers/der Ich-Erzählerin zeigt, weil er/sie den Vater im Altersheim besucht und ihn dadurch unterstützt.

B Es ist ein aussagekräftiger Moment im Leben des Ich-Erzählers/der Ich-Erzählerin und des Vaters, da er zeigt, wie sich die beiden nur mit Hilfe eines Blickes verständigen und so nahekommen.

7 Erläutere in einem kurzen Text den Titel „Begegnung auf Augenhöhe". Inwiefern passt er zu der Geschichte?

Wie sich mitteilen? – Die Kommunikation untersuchen

1 Lies erneut die Kurzgeschichte „Begegnung auf Augenhöhe" (▶ S. 27–28). Wieso können sich Vater und
● ○ ○ der/die Ich-Erzähler/-in nicht mehr mündlich miteinander verständigen? Kreuze an:

Die beiden können sich nicht mündlich miteinander verständigen, weil …	trifft zu	trifft nicht zu
A … der Vater taub ist.	☐	☐
B … der Vater nach einem Schlaganfall nicht mehr sprechen kann.	☐	☐
C … sie zerstritten sind.	☐	☐
D … der/die Ich-Erzähler/-in dem Vater nicht zuhören möchte.	☐	☐
E … der Vater durch die Krankheit gezeichnet ist.	☐	☐

2 Untersuche genauer, wie Vater und Tochter in der Geschichte miteinander kommunizieren.
● ○ ○ **a** Unterstreiche in der Geschichte alle Textstellen, in denen es um die Kommunikation der beiden geht.
b Notiere Textstellen, in denen sich die beiden nonverbal (ohne Worte) verständigen.
Setze die folgende Auflistung mit drei weiteren Beispielen fort.

– „Er wendet mir nicht den Kopf zu, als ich den Raum betrete." (Z. 24–26)
– „… wendet er sich mir zu." (Z. 29)
– „Guten Tag", sagen seine Augen. „Ich sehe dich." (Z. 31)

_____

_____

_____

_____

3 Beschreibe mit Hilfe deiner Vorarbeiten die Beziehung und Kommunikation von der/die Ich-Erzähler/-in und
● ○ ○ Vater. Ergänze den folgenden Lückentext mit Hilfe des Wortspeichers.

> **Wortspeicher**
>
> Begegnung   Beziehung   nonverbale   Geheimnis   Blicke   Augen   Gespräch
> Gesprächspartner   Verständigung   Lächeln

Der/Die Ich-Erzähler/-in schildert die _____ und die gelingende _____

zwischen sich und dem Vater. Obwohl der Vater sich kaum bewegen und nicht mehr sprechen kann, kom-

muniziert er auf _____ Weise. Er tauscht _____ mit dem/der Ich-Erzähler/-in

aus und ein _____ huscht über sein Gesicht. So versteht er/sie, dass der Vater er/sie erkennt und

ein wortloses _____ hält. Darüber freut er/sie sich sehr. Die gelungene Kommunikation bleibt

das beglückende _____ des Ich-Erzählers/der Ich-Erzählerin. Auch der Titel der

Erzählung zeigt, dass sich der/die Ich-Erzähler/-in und der Vater als ebenbürtige _____

begegnen, obwohl sich der Professor nur noch mit den _____ mitteilen kann. Ihre Art der

Verständigung zeigt, dass sie trotz allem eine enge und liebevolle _____ zueinander haben.

„Lichtblasen in meinen Augen" –
Sprachliche Bilder und ihre Wirkung analysieren

1 Untersuche, wie die Sprache wirkt und den Inhalt der Geschichte unterstützt.

●●● **a** Beschreibe für die Textzitate A bis F, um welches sprachliche Bild es sich handelt. Beachte die Unterstreichungen.

b Notiere in der dritten Tabellenspalte, wie die sprachlichen Bilder wirken.

c Finde weitere Beispiele im Text.
Benenne das sprachliche Mittel und deute seine Wirkung. Notiere im Heft.

Zitat (Zeilenangabe)	sprachliches Mittel	Wirkung
A „Die Decke liegt glatt über seinem <u>verwelkten</u>, abgemagerten Körper." (Z. 15–17)	Metapher	*Die Metapher stellt den kranken Vater (wie verwelktes Laub) als alt und kraftlos dar.*
B „Ein paar <u>gelangweilte</u> Staubkörner <u>haben sich</u> darauf <u>niedergelassen</u>." (Z. 20–22)	Personifikation	*Indem die Staubkörner als gelangweilt bezeichnet und so vermenschlicht werden, wird deutlich, dass in dem Zimmer nicht viel passiert und der Vater reglos dort liegt.*
C „Das Erkennen <u>hüpft aufgeregt</u> über die glattgestrichene Bettdecke. Tollt <u>wie</u> ein junges Lamm über die abwaschbare Tapete und das hygienische Linoleum." (Z. 75–78)	Personifikation Vergleich	*Die Personifikation zeigt ...*
D „Sein Herz öffnet sich zu einer <u>weiten, samtigen Lounge</u>, [...]." (Z. 49–50)		
E „Aus seinen lachfaltigen Augen blubbern ebenfalls Lichtblasen. Hellgelb und hellblau, wolkenduftig <u>wie</u> ein Wald im Frühling." (Z. 87–89)		
F „Die Worte <u>wandern</u> durch das Regenlicht, <u>suchen</u> sorgfältig ihren Weg durch die schwirrenden Gedanken." (Z. 31–33)		

2 Stelle die Ergebnisse deiner Vorarbeiten in einem zusammenhängenden Text im Heft dar.

●●● Erläutere die in der Kurzgeschichte verwendeten sprachlichen Bilder. Nutze auch die folgenden Satzbausteine.

– In Charlotte Dreßens Kurzgeschichte „Begegnung auf Augenhöhe" finden sich sprachliche Bilder wie ...
– Sie stellen bildhaft ... dar.
– Durch ... verbildlicht der/die Ich-Erzähler/-in ...
– Die vielen sprachlichen Bilder in der Kurzgeschichte führen dazu, dass ... / Sie vermitteln den Eindruck, dass .../ betonen ... / Man kann sich ... vorstellen ... / Hervorgehoben wird ...

Eine Dramenszene lesen und verstehen – „Mutter Courage" (Ende Bild 1)

Methode	Leitfragen zur Dramenanalyse

- **Stellung der Szene im Handlungsverlauf (sofern das gesamte Drama bekannt ist)**
  - Wo steht die **Szene** im Drama? **Was** ist ihr **vorausgegangen, was folgt** ihr?
- **Inhalt und Thema der Szene**
  - **Welche Figuren** treten auf?
  - **Was geschieht** in der Szene? **Worüber** wird **gesprochen?**
- **Figuren- und Gesprächsanalyse**
  - Wie stehen die auftretenden Figuren zueinander? **(Figurenkonstellation)**
  - Wie **verhalten** sich die Figuren? Verändert sich ihr Verhalten im Laufe des Gesprächs?
  - Welche **Gedanken und Gefühle** werden deutlich (auch durch die **Regieanweisungen)?**
  - Wie sind die **Redeanteile** der Figuren verteilt? Wer ergreift die **Initiative,** wer reagiert?

Bertolt Brecht (1898–1956)

Mutter Courage und ihre Kinder (Auszug Ende Bild 1) (1949)

Helene Weigel als Mutter Courage (1949)

Brechts Drama spielt im Dreißigjährigen Krieg und beginnt im Jahr 1624. In der ersten Szene (Bild 1) zieht Mutter Courage mit ihren drei Kindern in ihrem Planwagen durch das Land. Die zwei Söhne, Eilif und Schweizerkas, sowie die stumme Tochter Kattrin werden vorgestellt.

Mutter Courage: *kommt zurück mit den Zetteln im Helm des Feldwebels:* Möchten ihrer Mutter weglaufen, die Teufel, und in den Krieg wie die Kälber zum Salz. Aber ich werd die Zettel befragen, und da werden sie schon sehen, daß die Welt kein Freudental ist, mit „Komm mit, Sohn, wir brauchen noch Feldhauptleut". Feldwebel, ich hab wegen ihnen die größten Befürchtungen, sie möchten mir nicht durch den Krieg kommen. Sie haben schreckliche Eigenschaften, alle drei. Sie streckt Eilif den Helm hin. Da, fisch dir dein Los raus. Er fischt, faltet auf. Sie entreißt es ihm. Da hast dus, ein Kreuz! Oh, ich unglückliche Mutter, ich schmerzensreiche Gebärerin. Er stirbt? Im Lenz[1] des Lebens muß er dahin.

Wenn er ein Soldat wird, muß er ins Gras beißen, das ist klar. Er ist zu kühn, nach seinem Vater. Und wenn er nicht klug ist, geht er den Weg des Fleisches, der Zettel beweist es. *Sie herrscht ihn an:* Wirst du klug sein?

Eilif: Warum nicht? 20

Mutter Courage: Klug ist, wenn du bei deiner Mutter bleibst, und wenn sie dich verhöhnen und ein Hühnchen schimpfen, lachst du nur.

Der Werber: Wenn du dir in die Hosen machst, werd ich mich an deinen Bruder halten. 25

Mutter Courage: Ich hab dir geheißen, du sollst lachen. Lach! Und jetzt fisch zu, Schweizerkas. Bei dir fürcht ich weniger, du bist redlich[2]. *Er fischt im Helm.* Oh, warum schaust du so sonderbar auf den Zettel? Bestimmt ist er leer. Es kann nicht sein, daß da ein 30 Kreuz drauf steht. Dich soll ich doch nicht verlieren. *Sie nimmt den Zettel.* Ein Kreuz? Auch er! Sollte das etwa sein, weil er so einfältig ist? Oh, Schweizerkas, du sinkst auch dahin, wenn du nicht ganz und gar redlich bist allezeit, wie ichs dir gelehrt hab von Kin- 35 desbeinen an, und mir das Wechselgeld zurückbringst vom Brotkaufen. Nur dann kannst du dich retten. Schau her, Feldwebel, obs nicht ein schwarzes Kreuz ist?

Der Feldwebel: Ein Kreuz ists. Ich versteh nicht, daß 40 ich eins gezogen hab. Ich halt mich immer hinten. *Zum Werber:* Sie treibt keinen Schwindel. Es trifft ihre eigenen auch.

Schweizerkas: Mich trifft's auch. Aber ich laß mirs gesagt sein. 45

Mutter Courage *zu Kattrin*: Und jetzt bleibst mir nur

noch du sicher, du bist selber ein Kreuz: du hast ein gutes Herz. *Sie hält ihr den Helm zum Wagen hoch, nimmt aber selber den Zettel heraus.* Ich möcht schier
50 verzweifeln. Das kann nicht stimmen, vielleicht hab ich einen Fehler gemacht beim Mischen. Sei nicht zu gutmütig, Kattrin, seis nie mehr, ein Kreuz steht auch über deinem Weg. Halt dich immer recht still, das kann nicht schwer sein, wo du doch stumm bist.
55 So, jetzt wißt ihr. Seid alle vorsichtig, ihr habts nötig. Und jetzt steigen wir auf und fahren weiter. *Sie gibt dem Feldwebel seinen Helm zurück und besteigt den Wagen.*
Der Werber *zum Feldwebel:* Mach was!
60 **Der Feldwebel:** Ich fühl mich gar nicht wohl.
Der Werber: Vielleicht hast du dich schon verkühlt, wie du den Helm weggegeben hast im Wind. Verwickel sie in einen Handel. *Laut:* Du kannst dir die Schnalle ja wenigstens anschauen, Feldwebel. Die
65 guten Leut leben vom Geschäft, nicht? He, ihr, der Feldwebel will die Schnalle kaufen!
Mutter Courage: Einen halben Gulden. Wert ist so eine Schnalle zwei Gulden. *Sie klettert wieder vom Wagen.*
70 **Der Feldwebel:** Sie ist nicht neu. Da ist so ein Wind, ich muß sie in Ruh studieren. *Er geht mit der Schnalle hinter den Wagen.*
Mutter Courage: Ich finds nicht zugig[3].
Der Feldwebel: Vielleicht ist sie einen halben Gul-
75 den[4] wert, es ist Silber.
Mutter Courage *geht zu ihm hinter den Wagen:* Es sind – solide sechs Unzen[5].
Der Werber zu Eilif: Und dann heben wir einen unter Männern. Ich hab Handgeld[6] bei mir, komm. *Eilif*
80 *steht unschlüssig.*
Mutter Courage: Dann ein halber Gulden.
Der Feldwebel: Ich verstehs nicht. Immer halt ich mich dahint. Einen sichereren Platz, als wenn du Feldwebel bist, gibts nicht. Da kannst du die andern
85 vorschicken, daß sie sich Ruhm erwerben. Mein ganzes Mittag ist mir versaut. Ich weiß genau, nix werd ich hinunterbringen.

Mutter Courage: So sollst du dirs nicht zu Herzen nehmen, daß du nicht mehr essen kannst. Halt dich nur dahint. Da, nimm einen Schluck Schnaps, 90 Mann. *Sie gibt ihm zu trinken.*
Der Werber hat Eilif untern Arm genommen und zieht ihn nach hinten mit sich fort: Zehn Gulden auf die Hand, und ein mutiger Mensch bist du und kämpfst für den König, und die Weiber reißen sich um dich. 95 Und mich darfst du in die Fresse hauen, weil ich dich beleidigt hab. *Beide ab.*
Die stumme Kattrin springt vom Wagen und stößt rauhe Laute aus.
Mutter Courage: Gleich, Kattrin, gleich. Der Herr 100 Feldwebel zahlt noch. *Beißt in den halben Gulden.* Ich bin mißtrauisch gegen jedes Geld. Ich bin ein gebranntes Kind, Feldwebel. Aber die Münz ist gut. Und jetzt fahrn wir weiter. Wo ist der Eilif?
Schweizerkas: Der ist mitm Werber weg. 105
Mutter Courage *steht ganz still, dann:* Du einfältiger Mensch. *Zu Kattrin:* Ich weiß, du kannst nicht reden, du bist unschuldig.
Der Feldwebel: Kannst selber einen Schluck nehmen, Mutter. So geht es eben. Soldat ist nicht das 110 Schlechteste. Du willst vom Krieg leben, aber dich und die Deinen willst du draußen halten, wie?
Mutter Courage: Jetzt mußt du mit deinem Bruder ziehn, Kattrin.
Die beiden, Bruder und Schwester, spannen sich vor den 115 *Wagen und ziehen an. Mutter Courage geht nebenher. Der Wagen rollt weiter.*
Der Feldwebel: *nachblickend:* Will vom Krieg leben Wird ihm wohl müssen auch was geben. ⬛R

1 der Lenz: Frühling; hier: Jugendjahre

2 redlich: ehrlich, rechtschaffen, aufrichtig

3 zugig: kalt, luftig, windig

4 der Gulden: Gold- oder Silbermünze

5 die Unze: Gewichtseinheit

6 das Handgeld: Anzahlung

1 a Worum geht es in der Szene? Was geschieht? Kreuze an, ob die Aussagen A bis D richtig oder falsch sind.
b Berichtige die falschen Aussagen in deinem Heft.

	richtig	falsch
A Mutter Courage versucht, ihre Kinder vor dem Kriegsdienst zu schützen, indem sie Lose zieht und ihnen damit den sicheren Tod voraussagt, wenn sie sich anwerben lassen.	☐	☐
B Eilif versteht die Warnung der Mutter und lässt sich nicht für den Krieg anwerben.	☐	☐
C Kattrin warnt ihre Mutter rechtzeitig, dass der Werber versucht, Eilif mitzunehmen, während diese gerade mit dem Feldwebel hinter dem Wagen verhandelt.	☐	☐
D Mutter Courage nimmt das Angebot des Werbers an, ihre Kinder als Soldaten auszubilden.	☐	☐

Reingelegt und abgeworben! – Eine Dramenszene untersuchen (Teil 1)

1 Analysiere den Gesprächsverlauf in Zeile 73–119 des ersten Bildes (▶ S. 33).
●○○ Tipp: Achte besonders auf das, was vor und hinter dem Wagen der Mutter Courage geschieht.
Markiere im Text Stellen, an denen deutlich wird, welche Absichten die Figuren verfolgen.

2 Stelle mit Hilfe der folgenden Tabelle dar, wo sich die Figuren jeweils auf der Bühne befinden.
●○○ Was beabsichtigen sie damit? Wie gelingt es ihnen, zum Ziel zu gelangen? Notiere Zeilenangaben.

anwesend sind:

a *Mutter Courage und ihre Kinder:*

b _____

Sie verfolgen a *Mutter Courage möchte* _____

die Ziele: b *nutzen einen Vorwand, um* _____

hinter **dem Wagen**	vor **dem Wagen**
Was bewegt **Mutter Courage,** dem Feldwebel hinter den Wagen zu folgen?	Wie gelingt es, dem **Werber, Eilif** zu überzeugen?
Sie will Handel treiben, da sie	*Er lockt Eilif mit Geld und mit der Aussicht, dass*
Der Feldwebel scheint unsicher zu sein. Was sagt er aus welchem Grund?	Wie sind die Reaktionen Kattrins und des Bruders zu verstehen?
„Ich fühl mich gar nicht wohl." (Z.60) – Immer halt ich mich dahint." (Z.82–83) → Lockt Mutter Courage durch einen Vorwand („Wind"; „zugig". Z.70, 73)	*Kattrin will* _____ *Schweizerkas reagiert* _____

3 Zum Schluss des Bildes sagt der Feldwebel, während er Mutter Courage hinterherblickt:
●○○ *„Will vom Krieg leben. / Wird ihm wohl müssen auch was geben."* (Z.118–119)
Formuliere mit eigenen Worten, was der Feldwebel damit meint. Wovon lebt sie? Was muss sie hergeben?

_____

_____

4 Wenn du dich noch gründlicher mit dem ersten Bild beschäftigen willst, dann bearbeite die Folgeseite.

Alles nur ein Trick! – Eine Dramenszene untersuchen (Teil 2)

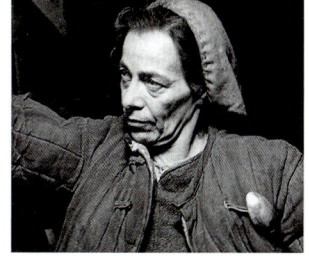

1 Im ersten Bild hat Mutter Courage schwarze Kreuze auf Zettel geschrieben, um ihre Kinder
●●● zu warnen. Dabei spricht Mutter Courage sie je nach Charakter unterschiedlich an.
Untersuche, wie sie sprachlich vorgeht.

a Ergänze den Tabellenkopf anhand der genannten Charaktereigenschaften mit den dazu
passenden Namen der Kinder.

b Ergänze oder vervollständige die Spalten zu den Fragen 1 bis 4. Welche Ratschläge erhalten sie jeweils?
Was geschieht den Kindern laut Mutter Courage, wenn sie ihren Ratschlag missachten oder befolgen?

1 Welche *„schreckli-chen"* (Z. 9) Eigen-schaften gibt ihnen ihre Mutter?	*... ist zu kühn, d.h.,* *sie/er ist*	*... ist zu einfältig, d.h.,* *sie/er ist*	*... ist zu gutmütig, d.h.,* *sie/er ist*
2 Welchen Ratschlag erhalten sie von ih-rer Mutter?	*Sei klug und lach! Das* *bedeutet: Sei*	*Sei redlich! Das bedeutet:* *Sei*	*Halt dich still! Das bedeutet:*
3 Was geschieht, wenn sie den Rat-schlag ihrer Mutter befolgen?	*Wenn sie/er bei der Mutter* *bleibt, dann*		
4 Was geschieht, wenn sie den Rat-schlag ihrer Mutter missachten?			

2 Was verfolgt Mutter Courage mit der „Befragung der Zettel"?
●●● Welcher Schülermeinung A oder B kannst du zustimmen? Begründe deine Wahl.

A Die „Befragung der Zettel" nutzt Mutter Courage, um den Feldwebel und den Werber abzulenken und dabei ihre eigene Weisheit zur Schau zu stellen.

B Mutter Courage will einerseits ihren Kindern den Tod im Krieg ersparen und andererseits grund-sätzlich auf die Sinnlosigkeit und die Gefahren des Krieges hinweisen.

Ich stimme Aussage _____ zu, weil _____

Ein politisches Gedicht untersuchen –
„Ich hatte einst ...“

Methode	Eine Gedichtanalyse schreiben

- Nenne in der **Einleitung** Verfasser/-in, Textart, Titel, Erscheinungsjahr und Thema.
- Fasse im **Hauptteil** die wichtigen Ergebnisse deiner Analyse zusammen:
  - Beginne mit einer kurzen **Inhaltsangabe.** Gehe Strophe für Strophe vor.
  - Beschreibe dann den **formalen Aufbau** (Strophen, Verse, Reimschema, Metrum) und die **sprachlichen Gestaltungsmittel,** z. B.: Das Gedicht besteht aus ... Strophen mit jeweils ... Versen.
  - Erläutere die **Funktion** und die **Wirkung** der Gestaltungsmittel.
  - Ordne das Gedicht wenn möglich seiner **Entstehungszeit** (Epoche) zu.
- Fasse zum **Schluss** die **wichtigsten Ergebnisse** noch einmal knapp zusammen.

Mascha Kaléko (1907–1975)

Emigranten[1]-Monolog (1945)

Ich hatte einst ein schönes Vaterland –
So sang schon der Flüchtling Heine.
Das seine stand am Rheine,
Das meine auf märkischem Sand.

5 Wir alle hatten einst ein (siehe oben!).
Das fraß die Pest, das ist im Sturm zerstoben.
O Röslein auf der Heide[2],
Dich brach die Kraftdurchfreude[3].

Die Nachtigallen wurden stumm,
10 Sahn sich nach sicherm Wohnsitz um,
Und nur die Geier schreien
Hoch über Gräberreihen.

Das wird nie wieder, wie es war,
Wenn es auch anders wird.
15 Auch wenn das liebe Glöcklein tönt,
Auch wenn kein Schwert mehr klirrt.

Mir ist zuweilen so, als ob
Das Herz in mir zerbrach.
Ich habe manchmal Heimweh.
20 Ich weiß nur nicht, wonach ...

Hintergrundinformationen:
Mascha Kaléko wurde 1907 in einer heute polnischen Stadt im damaligen Österreich-Ungarn geboren. Ende der zwanziger Jahre veröffentlichte sie erste Gedichte. Als Tochter eines jüdischen Kaufmanns wanderte Kaléko 1938 auf Grund der Verfolgung durch die Nationalsozialisten in die Vereinigten Staaten aus.
Dieses Schicksal sowie die Sehnsucht nach dem Vaterland verband Mascha Kaléko mit dem in Düsseldorf („am Rheine") geborenen Autor Heinrich Heine (1797–1856), der ab 1831 als deutscher Emigrant in Paris lebte.

1 der Emigrant: Auswanderer, Flüchtling

2 „O Röslein auf der Heide": Vers aus Johann Wolfgang Goethes Gedicht „Heideröslein"

3 Kraftdurchfreude: 1933 gegründete nationalsozialistische Freizeitorganisation „Kraft durch Freude" (KdF)

1 **Lies Mascha Kalékos Gedicht mehrmals durch. Was ist das Thema? Kreuze an. Das Gedicht thematisiert ...**

A .... die Notwendigkeit des Krieges im Jahre 1938. ☐

B ... das Gefühl von Liebeskummer in einer politisch angespannten Zeit. ☐

C ... den Verlust der Heimat angesichts der politischen Zustände im Nationalsozialismus. ☐

D ... die Freude über eine neue Heimat nach der Flucht auf Grund von Verfolgung. ☐

„Das Gedicht besteht …" –
Inhalt, Form und Sprache untersuchen

1 Formuliere in einem ganzen Satz zu jeder Gedichtstrophe (▶ S. 36), worum es in dieser geht.

Strophe 1	*Die erste Strophe handelt davon, dass das lyrische Ich wie der Dichter Heine das geliebte Vaterland verlassen musste.*
Strophe 2	*Hier wird beschrieben, dass im Krieg alles Schöne und Bewundernswerte …*
Strophe 3	*Die dritte Strophe thematisiert, dass die Nachtigallen geflohen sind, während die Geier …*
Strophe 4	
Strophe 5	

2 **a** Notiere am Gedicht deine Beobachtungen zur Form: Strophen, Verse, Reimschema und Metrum.

b Vergleiche deine Ergebnisse mit dem folgenden Text zu seiner formalen Gestaltung. Streiche Unpassendes.

Das Gedicht besteht aus *fünf/sechs* Strophen, die über je *vier/fünf* Verse verfügen. Das Reimschema ist *unregelmäßig/regelmäßig*. In der ersten Strophe liegt ein *umarmender Reim/Kreuzreim* (abba) vor, die zweite und dritte Strophe weisen einen *umarmenden Reim/Paarreim (aabb)/(abba)* auf. In der vierten Strophe reimen sich jeweils nur noch der *erste/zweite* und *dritte/vierte* Vers. Als Metrum lässt sich überwiegend der *Jambus (unbetonte/betonte Silbe)/Daktylus (betonte/zwei unbetonte Silben)* bestimmen. Diese teilweise ungeordnete und nicht einheitliche Form des Gedichts drückt die Konfliktsituation und emotionale Erschütterung aus, die das lyrische Ich empfindet und die einen wohlgeformten *dramatischen/lyrischen* Text nicht mehr zulässt.

3 **a** Ordne den sprachlichen Auffälligkeiten passende Erklärungen zu. Ziehe Verbindungslinien.

b Notiere hinter den Erklärungen jeweils Versangaben als Beleg.

A Tempuswechsel	1 das Verstummen der Nachtigallen und das Geschrei der Geier
B verallgemeinernde Wir-Form	2 Verwendung einer Vergangenheitsform, um den Verlust der Heimat und die Zerstörung durch den Nationalsozialismus zu verdeutlichen; ein frustrierter Ausblick in die Zukunft mit der Gewissheit, dass die Heimat nach Kriegsende verändert sein wird (Futur I und Präteritum); Konzentration auf die innere Situation des lyrischen Ichs (Präsens, Präteritum)
C Gegensätze (Antithesen)	3 Verwendung der 1. Person Plural, um darauf aufmerksam zu machen, dass viele Schriftstellerinnen und Schriftsteller in der Zeit des Nationalsozialismus im Ausland (Exil) leben mussten
D Anapher (Wortwiederholung am Vers- oder Satzanfang)	4 Konzentration auf die Gefühlslage des lyrischen Ichs durch die Wiederholung des Pronomens „ich"

4 Markiere die Aussage zur Gedichtintention, der du zustimmst:

A Das Gedicht soll veranschaulichen, wie sehr sich Dichter im Exil als Emigranten auf der Suche nach der eigenen Identität gequält haben.	B Das Gedicht soll aufzeigen, welche Folgen der Krieg auf die Gefühle der von ihm betroffenen Menschen, vor allem Emigranten, hat.

„Röslein auf der Heide" – Sprachbilder analysieren

1 Lies erneut das Gedicht (▶ S. 36).

●●● Kreuze drei Begriffe an, welche die Gefühle und Stimmung des lyrischen Ichs am besten beschreiben.

☐ Überlastung	☐ Vorfreude	☐ Trauer
☐ Melancholie	☐ Gelassenheit	☐ Eifersucht
☐ Sehnsucht	☐ Liebeskummer	☐ Wehmut

2 Untersuche die sprachlichen Bilder des Gedichts. Erkläre die Metaphorik der zweiten Strophe.

●●● Beachte die Hintergrundinformationen auf S. 36 und orientiere dich an dem folgenden Beispiel:

– *Röslein auf der Heide (V. 7):* _Das Röslein auf der Heide steht für die Unschuld des Vaterlandes vor dem Krieg._

– *Das fraß* **die Pest**, *das ist im* **Sturm** *zerstoben. (V. 6):* _____

_____

3 In der dritten Strophe werden die Vögel Nachtigall und Geier antithetisch gegenübergestellt, um die Gefühle des

●●● lyrischen Ichs zu veranschaulichen. Ordne mit Pfeilen die folgenden Satzbausteine der Gegenüberstellung zu.

Die Nachtigallen ...   ⟷   Die Geier ...

> ... stehen metaphorisch für die Nationalsozialisten und Kämpfer im Zweiten Weltkrieg.
> ... verstummen, so wie die Dichter der Zensur (einem Schreibverbot) ausgesetzt sind.
> ... ziehen über die Gräberreihen der vielen Todesopfer.
> ... schreien wie die Meinungsmacher der Nationalsozialisten (NS-Propaganda).
> ... symbolisieren die Dichter im Exil.

4 Welche der folgenden Aussagen erklärt die Bedeutung der Metaphern in der vierten Strophe zutreffend,

●●● welche nicht? Kreuze an.

	trifft zu	trifft nicht zu
A Es wird ausgedrückt, dass das Vaterland nach dem Krieg nicht mehr so sein wird wie zuvor, auch nicht, wenn das liebe Glöcklein tönt, das als das Friedensgeläut der Kirche zu verstehen ist.	☐	☐
B Die nicht mehr klirrenden Schwerter sind eine Metapher für den Waffenstillstand nach Kriegsende.	☐	☐
C Die lieben Glöcklein und die klirrenden Schwerter erinnern das lyrische Ich an die Qualen während der Flucht.	☐	☐

5 Erkläre die Bedeutung und Wirkung der Metapher des Herzens in den Versen „Mir ist zuweilen so, als ob / Das

●●● Herz in mir zerbrach" (V. 17/18). Ergänze im Heft:

Die Metapher veranschaulicht/unterstreicht/erklärt/verdeutlicht ...
Es entsteht der Eindruck, dass ...

Das kann ich schon! –
Rund um Nomen und Verb, Sätze und Satzglieder

Rund ums Nomen

1 **a** Unterstreiche in dem folgenden E-Mail-Ausschnitt die Grammatikfehler:

> (1) Wir planen in der nächste Woche aus Anlass unserem Schulwandertag einen ... Ausflug nach Trier.
> (2) Wir und unser Klassenlehrer würde sich freuen, wenn Sie uns als Klassenpflegschaftsvorsitzender auf diesen Ausflug begleiten würden.
> (3) Könnten Sie die Klasse eine ... Antwort zukommen lassen?

b Verbessere die Grammatikfehler und setze in die Lücken passende Adjektive ein.

(1) _____

(2) _____

_____

(3) _____

c Ordne die Pronomen aus der E-Mail oben in die Tabelle ein:

Personalpronomen	Possessivpronomen	Demonstrativpronomen
wir,		

Rund ums Verb

2 **a** Unterstreiche in der Antwort-E-Mail alle Verben und trage sie nach ihrem Tempus in die folgende Tabelle ein.

> (1) Ich danke dir für deine Mail!
> (2) Nachdem ich mich für euren Ausflug entschieden hatte, musste ich erst noch ein paar Termine verlegen.
> (3) Wann werdet ihr denn morgens starten? (4) Wenn noch Hilfe gebraucht wird, solltet ihr euch melden.

Präsens	Präteritum	Plusquamperfekt	Futur
danke,			

b Markiere im Text jeweils unterschiedlich eine Aktivform und eine Passivform.

c Formuliere den folgenden Passivsatz ins Aktiv um:

(5) Falls noch Geld benötigt wird, könnte ich den Förderverein um eine Spende bitten.

_____

d Kreise die Konjunktivformen in Satz 6 ein.

(6) Meine Freundin hat mir gesagt, sie kenne sich in Trier gut aus und könne euch Tipps geben.

Rund um Sätze und Satzglieder

> Liebe Frau Kölsche,
>
> (1) Tipps, die uns nützen können, wären toll.
> (2) Lohnt sich der Besuch des Amphitheaters?
> (3) Zuerst besichtigen wir die Porta Nigra.
> (4) Denn sie ist in Trier das wichtigste römische Gebäude.
> (5) Wir suchen noch ein günstiges Restaurant nach der Besichtigung der Altertümer.
>
> Mit freundlichen Grüßen ...

3 a Suche aus der E-Mail heraus:

3 Adjektivattribute: _____

2 Genitivattribute: _____

1 Relativsatz als Attribut: _____

b Verknüpfe Satz (3) und (4) zu einem Satzgefüge mit der Konjunktion _da_ oder _weil_.

_____

c Wandle die in Satz (5) unterstrichene temporale adverbiale Bestimmung in einen Temporalsatz mit der Konjunktion _nachdem_ um.

_____

_____

d Führe die Umstellprobe in Satz (3) durch, kreise die Satzglieder ein und schreibe die Bezeichnungen darunter.

_____

_____

_____

4 Prüfe deine Lösungen und die Punktzahl mit Hilfe des Lösungsheftes (▶ S. 14–15).

Rund ums Nomen – Richtig formulieren

Kasus und Numerus bei Präpositionen

> **Information**   **Bei Präpositionen auf den Kasus achten**
>
> - Jede **Präposition** verlangt einen **bestimmten Kasus** (Fall) für das Nomen oder Pronomen, das dazugehört:
>   - Den **Akkusativ** fordern *durch, für, gegen, ohne, um,* z. B.: *ohne mich.*
>   - Den **Dativ** fordern insbesondere *aus, bei, mit, nach, seit, von, zu,* z. B.: *zu mir.*
>   - Den **Genitiv** fordern vor allem *außerhalb, halber, mangels,* z. B.: *innerhalb des Raumes.*
> - Manche Präpositionen können auch mit **zwei verschiedenen Fällen** stehen, z. B.:
>   *an **das** Fenster gehen* (Akkusativ), *an **dem** Fenster stehen* (Dativ).
> - Manche Präpositionen **mit dem Genitiv** können **umgangssprachlich** auch **mit dem Dativ** verwendet werden, z. B.: *wegen **des** Besucherstroms, wegen **dem** Besucherstrom.*
> - Manchmal verlangt ein Verb, ein Adjektiv oder ein Nomen die **Verknüpfung mit einer ganz bestimmten Präposition**, z. B.: *warten **auf**, die Hoffnung **auf**, zufrieden sein **mit**, sich ärgern **über**.*
> - **Subjekt und Prädikat** müssen im **Numerus** (Anzahl) **übereinstimmen.**
>   Besteht das Subjekt aus einer **Reihung mit *und*,** so gilt das in der Regel als **Plural**. Dann muss **auch das Prädikat im Plural** stehen, z. B.: *Jens und ich **planen** die Klassenfahrt.*

1
a Lies den folgenden Briefauszug und unterstreiche wie in den ersten Beispielen alle Präpositionen.
b Streiche die jeweils falschen Formulierungen durch.
c Schreibe in die Lücken den Kasus des Nomens, den die Präposition verlangt.
d Streiche die falsche Lösung bei den markierten Prädikaten durch.

… wir sind Schüler <u>an</u> *eine Gesamtschule in Köln/einer Gesamtschule* <u>in</u> Köln (*Dativ*) und möchten

<u>anlässlich</u> *unserem Schulwandertag/unseres Schulwandertags* (_____) einen Klassenausflug

nach Trier machen. Die Porta Nigra und auch die Basilika des Konstantin stehen/steht auf *unserem*

Programm/unseren Programm (_____). Meine Mitschüler und ich möchten wissen/möchte

5 wissen, ob wir als Schulklasse an *diesen Tag/diesem Tag* (_____) freien Eintritt für *allen*

Sehenswürdigkeiten/alle Sehenswürdigkeiten (_____) bekommen.

Meine Klasse und ich wären/wäre Ihnen sehr dankbar, wenn Sie uns möglichst schnell, spätestens

aber innerhalb *die nächste Woche/der nächsten Woche* (_____), antworten könnten.

Wir freuen uns sehr auf *diesem Klassenausflug/diesen Klassenausflug* (_____) in *Ihre Stadt/*

10 *Ihrer Stadt* (_____).

Wir danken Ihnen schon jetzt für *Ihre Mühe/Ihrer Mühe*! …

---

2 Die Präposition *wegen* kann mit einem Nomen im Genitiv oder Dativ verbunden werden.
Formuliere im Heft mindestens einen weiteren Satz mit *wegen*.

3 **a** Korrigiere im folgenden Antwortbrief die Fehler am rechten Briefrand. Gib auch die Fehlerart an: *falscher Kasus, falscher Numerus.*
   b Unterstreiche im Text Wortwiederholungen von Adjektiven. Gib am Rand eine passende Alternative an.

Liebe Klasse 10 a,

die Stadt Trier und das Verkehrsamt freut sich sehr,

dass ihr einen Ausflug nach Trier unternehmen wollt.

Auf Grund dem großen Touristenaufkommen an den meisten

Wochenenden ist ein Besuch außerhalb diesen großen Stoßzeiten

5 zu empfehlen. Der Eintritt für die meisten römischen

Sehenswürdigkeiten und ein Besuch des Doms ist für

Schülerinnen und Schüler mit einen gültigen Schülerausweis

kostenfrei. Die meisten Restaurants sind während die Woche

nicht überfüllt, sodass die große Anzahl an Plätzen ausreichen.

10 Mit freundlichen Grüßen ...

4 Richtig oder falsch? Streiche den jeweils falschen Satz durch.

A Nach Trier kommen eine große Anzahl von Touristen.
B Nach Trier kommt eine große Anzahl von Touristen.

A Die Porta Nigra außerhalb dem Zentrum ist ein Zuschauermagnet.
B Die Porta Nigra außerhalb des Zentrums ist ein Zuschauermagnet.

A Der eine oder andere kommt auch nur wegen der guten Gastronomie.
B Der eine oder andere kommen auch nur wegen der guten Gastronomie.

A Erwachsener und Kind findet hier sein Vergnügen.
B Erwachsener und Kind finden hier ihr Vergnügen.

A Manche Anwohner beklagen allerdings den Lärm innerhalb die Stadt.
B Manche Anwohner beklagen allerdings den Lärm innerhalb der Stadt.

A Trier und Umgebung bietet auch zahlreiche Wandermöglichkeiten.
B Trier und Umgebung bieten auch zahlreiche Wandermöglichkeiten.

A Über den Marktplatz kann man gut schlendern.
B Über dem Marktplatz kann man gut schlendern.

A Infolge des Tourismusbooms hat Trier gute Einnahmen.
B Infolge dem Tourismusboom hat Trier gute Einnahmen.

Pronomen richtig anwenden

Pronomen – Das Personal-, das Possessiv- und das Demonstrativpronomen

- **Pronomen** (Fürwörter) stehen **stellvertretend** für Nomen oder **begleiten** Nomen.
- **Personalpronomen** sind: *ich, du, er/sie/es, wir, ihr, sie.*
  Sie werden wie das Nomen **dekliniert**: *ich, meiner, mir, mich, wir, unser, uns, uns.*
  Bei der Verwendung von Personalpronomen ist es wichtig, dass immer deutlich wird, worauf sich das
  Personalpronomen **bezieht**: *Der Ausflug* beginnt. *Er begeistert alle.*
- **Possessivpronomen** sind: *mein, dein, sein/ihr, unser, euer* usw.
  Sie zeigen den Besitz oder die Zugehörigkeit an. Oft begleiten sie Nomen, z. B.: *meine Uhr.*
- **Demonstrativpronomen** sind: *dieser, diese, dieses/jener, jene, jenes/solcher, solche, solches, …*
  der, die, das (mit besonderer Betonung!) usw. Sie weisen besonders deutlich auf eine Person oder Sache
  hin, z. B.: *Von allen Sehenswürdigkeiten gefällt mir diese am besten.*

1 a Ergänze im folgenden Bericht für eine Schülerzeitung die fehlenden Possessiv- und Demonstrativpronomen.
  b Streiche Wortwiederholungen bei Nomen und ersetze sie am Rand durch die passenden Personalpronomen.
  Tipp: Verwende das folgende Korrekturzeichen: *Wdh = Wortwiederholung.*
  c Verbessere die fehlerhafte oder unklare Verwendung des Personalpronomens an den unterstrichenen Stellen.
  Tipp: Verwende das folgende Korrekturzeichen: *Bz = Beziehung fehlerhaft oder unklar.*

Trier – eine Reise in die römische Vergangenheit

Unseren Klassenausflug nach Trier wird _____ Klasse so

schnell nicht vergessen. Unsere Klasse versammelte sich am frühen

Morgen im Kölner Hauptbahnhof. _____ war eine große

Aufregung! Denn einem Mädchen aus unserer Klasse war die Geld-

börse gestohlen worden.

Sie suchte überall. <u>Schließlich fand die Polizei sie.</u> Auf einen

_____ Start hätte unsere Klasse gerne verzichtet. Trier hat die

Klasse dann aber für _____ Auftakt entschädigt. Die Porta

Nigra beeindruckte unsere Klasse ganz besonders. _____

Stadttor aus römischer Zeit ist fantastisch erhalten. <u>Wir haben sie von

allen Seiten fotografiert.</u> Auch durfte der Spaß nicht zu kurz kommen.

_____ Klassenlehrer gab der Klasse genügend Frei-

zeit, <u>sodass ihm wirklich nichts im Wege stand.</u> Die Rückfahrt

_____ Klasse verlief ohne Probleme. Ende gut – alles gut!

Teste dich! – Auf Kasus, Numerus und Ausdruck achten

1 **a** Fülle die Lücken im folgenden Dankesbrief. Setze die Pronomen, Adjektive und Nomen in den Klammern im jeweils richtigen Kasus ein.

PUNKTE

Sehr geehrte Damen und Herren,

wir möchten uns sehr herzlich bei Ihnen bedanken. Auf Grund _____

_____ (Ihre gute Information) hat unser Ausflug wunderbar geklappt. Ohne

_____ (Ihr guter Rat) hätten wir sicherlich bei _____

_____ (unsere Planung) einige unnötige Fehler gemacht. Trotz _____

_____ (die vielen Touristen) mussten wir an den Sehenswürdigkeiten nicht lange warten. ...

b Entscheide dich für eine der vorgeschlagenen Formulierungen. Notiere A oder B in der Lösungsspalte.

PUNKTE

Lösung

(1) Unser Klassenlehrer und unsere Klasse *wurde (A)/wurden (B)* überall freundlich behandelt.

(2) Die große Anzahl römischer Überreste *hat (A)/haben (B)* uns sehr überrascht.

(3) Unsere Mittagpause in dem von Ihnen genannten Restaurant sowie der anschließende Besuch im Dom *war (A)/waren(B)* wirklich eine gute Empfehlung.

c Streiche an vier Stellen störende Wiederholungen von Normen durch.
Schreibe über das Nomen ein passendes Personal- oder Demonstrativpronomen.

PUNKTE

Der Ausflug nach Trier hat uns allen sehr gefallen. Der Ausflug war auch deshalb so schön, weil wir

großes Glück mit dem Wetter hatten. Das Wetter zeigte sich wirklich von seiner besten Seite.

Die Stadt Trier ist allen Klassen als Reiseziel zu empfehlen. Denn die Stadt Trier bietet für jeden eine

Fülle an Attraktionen. Die Attraktionen kann man an einem Tag gar nicht alle besichtigen.

2 Zähle die Punkte, die du erreicht hast, mit Hilfe des Lösungsheftes zusammen (▶ S. 16).

GESAMT

☺ 15–11 Punkte	☺ 10–6 Punkte	☹ 5–0 Punkte
Gut gemacht!	Gar nicht schlecht! Wo hattest du Schwierigkeiten? Wiederhole die passenden Übungen auf S. 41–43.	Du solltest noch einmal üben! Arbeite die S. 41–43 erneut durch.

Rund ums Verb – Schulleben

Mit Synonymen abwechslungsreich und treffend formulieren

Methode   **Abwechslungsreich und treffend formulieren**

- Zu einem guten Ausdruck gehört es, **störende Wiederholungen** zu **vermeiden** und stattdessen **Synonyme zu verwenden.** Das sind Wörter mit **gleicher** oder ähnlicher Bedeutung, z. B. für: *sagen → sprechen, meinen, behaupten, …*
- Da viele Synonyme oft nur eine **ähnliche Bedeutung** haben, sollte man **genau abwägen,** ob das Gemeinte auch genau getroffen wird, z. B. für: *gehen → laufen* oder *schlendern*.

1 Wähle in der folgenden Bitte um Einverständnis von den Synonymen in Klammern jeweils das Verb, das am treffendsten ist, und trage es ein.

Wir _____ *(beschwören, drängen, bitten)* Sie, uns den Zeichensaal

_____ *(zu überlassen, zur Verfügung zu stellen, zu übergeben)*. Wir könnten

im Zeichensaal problemlos Plakate _____ *(befestigen, ankleben, anbringen)* und

ein schönes Buffet _____ *(erstellen, platzieren, aufbauen)*. Ein Sicherheitsdienst

_____ *(garantieren, erreichen, bewirken)*, dass den Teilnehmern unserer

Party nichts _____ *(zustoßen, widerfahren, geschehen)*. Er sorgt auch

dafür, dass die Schüler den Raum nicht _____ *(verhunzen, deformieren, verunstalten)*.

2 Streiche in dem folgenden Antrag an die Schulleiterin zu oft wiederholte Verben und ersetze sie am Briefrand durch treffende Synonyme.
Wähle unter den folgenden die passenden aus: *anregen, empfehlen, nahelegen, raten, einbringen, unterbreiten, voranbringen, behilflich sein, beistehen, bestärken, helfen, befürworten.*

Wir bitten um Genehmigung einer Schulfete im nächsten Monat. Wir schlagen _____

den Zeichensaal als Veranstaltungsort vor. Wir schlagen außerdem vor, einen _____

Sicherheitsdienst einzusetzen. Weiterhin schlagen wir vor, ob nicht zur Kosten- _____

deckung der Party ein Eintrittsgeld von 5,00 Euro erhoben werden soll. Wir wür- _____

den uns sehr freuen, wenn Sie uns bei unserem Vorhaben unterstützen würden. _____

So könnten Sie uns in der Schulkonferenz unterstützen, indem Sie unseren An- _____

trag gegenüber den Teilnehmern der Schulkonferenz unterstützen würden. _____

Das Tempus des Verbs richtig anwenden

Information · **Die Zeitformen des Verbs**

Verben kann man in verschiedenen **Zeitformen (Tempora)** verwenden. Sie sagen uns, wann etwas passiert.

- Das **Präsens (Gegenwartsform):** Es beschreibt, was jetzt geschieht, z. B.: *Ich gehe nun.*
  - Es benennt auch **Gewohnheiten** und **Dauerzustände**, z. B.: In Paris *steht* der Eiffelturm.
  - Darüber hinaus lässt sich mit dem Präsens **Zukunft** ausdrücken, z. B.: Ich *esse* bald.
- Das **Präteritum und das Perfekt (Vergangenheitsformen):**
  - Das **Präteritum** verwendet man in der Regel bei **schriftlichem Erzählen,** z. B.:
    *Gestern **ging** ich.* → <u>starkes</u> *Verb mit Veränderung des Stammvokals.*
    *Ich **besuchte** das Kino.* → <u>schwaches</u> *Verb mit Veränderung der Endung.*
  - Das **Perfekt** verwendet man meist beim **mündlichen Erzählen,** z. B.:
    *ich **habe geschrieben**, ich **bin gelaufen.***
- Das **Plusquamperfekt** wird verwendet, wenn etwas noch vor einem vergangenen Ereignis im **Präteritum** geschehen ist **(Vorzeitigkeit),** z. B.: *Ich ging, nachdem ich **telefoniert hatte**.*
- Das **Futur** dient dazu, **Zukünftiges** auszudrücken, z. B.: *Ich **werde gehen**.*

---

1 Bilde im folgenden Brief zu den Infinitiven in Klammern die passende Personalform im richtigen Tempus.
Tipp: Beachte, welche Vergangenheitsform im Mündlichen und welche im Schriftlichen verwendet wird.

Nachdem ich zuerst euren Beratungslehrer

_____ *(befragen)*,

_____ ich auch noch einmal die Kunstkollegen *(fragen)*. Alle _____

_____ *(zustimmen)*. Ich _____ *(wissen)* aber nicht, ob die Schulkonfe-

renz euren Antrag _____ *(befürworten)*. Ich _____ *(haben)* einen

Tipp für euch. In einer Zeitung _____ ich *(lesen)*: Schüler der Hansa-Schule

_____ *(feiern)* für einen guten Zweck. Nachdem sie von der Not der Menschen in Afghanistan

_____ *(hören)*, _____ *(spenden)* sie alle Einnahmen aus Eintritt und

Tombola für den Bau eines Brunnens. Der Schulleiter meinte: „Wir _____

_____ *(alles richtig machen)*. Hoffentlich _____ *(finden)* ihr Beispiel Nachahmer!"

---

2 Kreuze an, ob die Aussagen richtig oder falsch sind.

Zeiten richtig anwenden	richtig	falsch
A Das Präsens kann auch die Zukunft ausdrücken.	☐	☐
B Das Präteritum wird überwiegend beim mündlichen Erzählen verwendet.	☐	☐
C Bei Vorzeitigkeit muss im Nebensatz das Perfekt stehen.	☐	☐
D Das Perfekt wird überwiegend beim mündlichen Erzählen verwendet.	☐	☐

Aktiv oder Passiv – Die Handelnden oder den Vorgang betonen

> **Information** **Verben im Aktiv und Passiv**
>
> Das **Aktiv und das Passiv** drücken eine **unterschiedliche Sicht auf ein Geschehen** aus:
> - Das **Aktiv betont denjenigen, der** etwas tut oder **handelt**, z. B.: *Die Klasse feiert eine Party.*
> - Das **Passiv** hebt hervor, **mit wem oder was etwas geschieht.** z. B.: *Eine Party wird gefeiert.*
>   Das Passiv sollte man nur nutzen, wenn man die handelnde Person nicht kennt bzw. nicht nennen möchte
>   oder aber wenn es auf den **Vorgang** ankommt und **nicht** auf die **handelnde Person.**
> - Das Passiv wird meist mit einer **Form von** *werden* und dem **Partizip II** des Verbs gebildet, z. B.:
>   *wird gefeiert, werden eingesammelt.*

1 **a** Unterstreiche in dem folgenden Bericht alle Aktivsätze, unterschlängele alle Passivsätze.

> (1) Die Veranstaltung begann um 18:00 Uhr. (2) Eingeladen worden waren alle 10. Klassen.
>
> (3) Von den Organisatoren wurde ein Eintrittsgeld von 5 Euro pro Schülerin/Schüler erhoben.
>
> (4) Insgesamt wurden 750 Euro eingenommen.
>
> (5) Von den Eltern sind zusätzlich noch einmal 500 Euro gespendet worden.
>
> (6) Wir haben nach Abzug aller Kosten für Getränke und Speisen einen Erlös von 700 Euro erzielt.
>
> (7) Leider wurde bei der Party eine Wandseite mutwillig durch Fußspuren verunreinigt, sodass wir für den
>
>   Neuanstrich noch einmal ca. 50 Euro für Farbe veranschlagen müssen.
>
> (8) 650 Euro können demnach für einen guten Zweck gespendet werden.

b Forme die Sätze (3) und (8) in Aktivsätze um.

(3) _____

(8) _____

c Forme Satz (6) in einen Passivsatz um.

(6) _____

2 Kreuze die richtigen Antworten an.

A In Satz (4) steht das Passiv, weil die Handlung/der Vorgang wichtig ist. ☐

B In Satz (2) wird das Passiv verwendet, weil die handelnden Personen nicht bekannt sind. ☐

C In Satz (7) steht das Passiv, damit die Täter nicht genannt werden müssen. ☐

D In Satz (8) steht das Passiv, weil es nur auf den Vorgang ankommt. ☐

Den Konjunktiv I erkennen und anwenden

Information	Der Konjunktiv I in der indirekten Rede

Wenn man deutlich ausdrücken möchte, dass **jemand anderes** etwas gesagt **hat,** dann verwendet man die **indirekte Rede.** Sie steht **nicht in Anführungszeichen.**
Das Verb steht im Konjunktiv I, z. B.: *Er sagte, er **wünsche** sich mehr Hilfe.*
- Der **Konjunktiv I** wird gebildet durch den **Stamm des Verbs** (Infinitiv ohne Endung, z. B. *geh-*) und durch die entsprechende Personalendung, z. B.:
  *ich brauch-**e**, du brauch-**est**, er/sie/es brauch-**e**, wir brauch-**en**, ihr brauch-**et**, sie brauch-**en**.*
- Wenn sich der **Konjunktiv I nicht vom Indikativ Präsens** unterscheidet, dann wird der **Konjunktiv II** oder die **würde-Ersatzform** verwendet, z. B.: *Er sagte, sie brauchen → sie bräuchten oder sie würden brauchen.*

1 **a Unterstreiche in dem Bericht über ein Interview die direkte Rede und unterschlängle die indirekte Rede.**

(1) In unserem Interview erklärte Frau Nina Lind als aussichtsreichste Kandidatin für die Nachfolge als Schul-

leiterin an unserer Schule, sie habe großes Interesse, bei uns Schulleiterin zu werden.

(2) „Zuerst habe ich den wundervollen Altbau gesehen, als ich eure Schule zum ersten Mal kennen gelernt

habe", meinte sie.

(3) „An meiner alten Schule nehme ich derzeit die Position der Unterstufenkoordinatorin ein."

(4) Frau Nina Lind zeigte sich sehr interessiert an unserer Schülerzeitung und fragte uns, wie lange wir an

unserer Schule schon eine Schülerzeitung besäßen.

(5) Sie betonte außerdem: „Die AGs werde ich besonders fördern."

(6) Sie werde versuchen, das Schulleben bunt und abwechslungsreich zu gestalten.

(7) Die Kandidatin machte auf uns einen sehr guten Eindruck.

b Forme die Sätze (2), (3) und (5) in die indirekte Rede um. Kreise die Konjunktivformen ein.

(2) *Zuerst (habe) sie* _____

_____ .

(3) _____

(5) _____

c Formuliere die indirekte Rede in Satz (4) in eine direkte Rede um. Beachte die richtige Zeichensetzung.

(4) *Frau Lind fragte uns:* _____

_____ .

Eine Schule in Tansania – Der Konjunktiv I in der indirekten Rede

1 ●○○ **a** Wandle die Antworten im folgenden Interview in die indirekte Rede um. Schreibe ins Heft.
Du kannst folgende Formulierungen nutzen:
... nach Aussage Herrn Babus, ... Herr Babu erklärte/meinte/führte aus, so Herr Babu.

FRAGE: Wie lange arbeiten Sie in Tansania schon an Schulprojekten?
ANTWORT: *Seit mehr als zehn Jahren arbeite ich vor allem an sportpäda-gogischen Programmen.*
FRAGE: Warum ist der Sportunterricht so besonders wichtig?
5 **ANTWORT:** *Der Sportunterricht war bis jetzt im Lehrplan überhaupt nicht vorgesehen und wird auch weiterhin an den meisten Grundschulen nicht erteilt. Er wird als Zeitverschwendung angesehen. Ich halte Sport jedoch für besonders wichtig. Die Kinder sind oft krank und brauchen dringend eine körperliche Stärkung.*
10 **FRAGE:** Welche Probleme gibt es denn darüber hinaus?
ANTWORT: *Wegen der großen Hitze fängt der Schulunterricht sehr früh an. Viele Schülerinnen und Schüler haben aber einen mehr als 15 km langen Fußmarsch zur Schule zurückzulegen. Sie müssen deshalb bereits mitten in der Nacht aufstehen. Bevor sie zur Schule gehen, können sie*
15 *nicht einmal frühstücken. Auch in der Schule gibt es leider für sie keine ausreichende Verpflegung. Trinkwasser holen sie aus einem Brunnen, der aber nicht immer Wasser führt.*

b Umkreise die von dir verwendeten Verbformen im Konjunktiv I und deren Ersatzformen (Konjunktiv II, würde-Ersatzform).

2 ●○○ **Bilde zu den folgenden unterstrichenen Verbformen im Indikativ den Konjunktiv I.**
Entscheide, wann du als Ersatzform auf den Konjunktiv II bzw. die würde-Ersatzform zurückgreifen musst.

Herr Babu führte weiter aus:

A Viele <u>haben</u> auch ihre Eltern vor allem durch Aids <u>verloren</u>.

B Ein Schulbesuch <u>ist</u> dann nicht mehr möglich.

C Häufig <u>müssen</u> die Kinder in den Familien <u>aushelfen</u>.

D Viele der Schüler <u>stammen</u> aus sehr armen Verhältnissen.

3 ●○○ **Wähle aus dem Interview eine weitere Aussage und wandle sie in die indirekte Rede um.**

Über Schulen in Afrika – Der Konjunktiv I in der indirekten Rede

1
●●●
Lies das folgende Interview mit dem Bildungsexperten Mark Lang über die Schulsituation in Afrika.
Notiere jeweils knapp für jede Antwort, worum es in ihr geht.

FRAGE: Wie ist die Schulsituation in Afrika?
ANTWORT: In Afrika geht jedes dritte Kind nicht zur Schule.
Das bedeutet, dass über 45 Millionen Kinder Analphabeten bleiben.
Sie haben überhaupt keine Chance, dem Teufelskreis aus fehlender
5 Bildung, Armut, Hunger und Krankheit zu entkommen.
FRAGE: Wo ist die Not am allerschlimmsten?
ANTWORT: In den Städten wie in Kapstadt sieht es natürlich
recht gut aus. Schlimm ist die Situation in den ländlichen Gebieten.
Hier gibt es nur wenige Schulen. Sie sind meistens überfüllt und für
10 die Kinder nur schwer zu erreichen. Viele Kinder müssen einen
Schulweg von mehreren Stunden auf sich nehmen.
FRAGE: Wie ist die Lage für Mädchen in Afrika?
ANTWORT: Sie trifft es besonders hart. Viele ihrer Mütter sind an
Aids gestorben. Die Mädchen übernehmen deshalb in der Familie
15 häufig schon sehr früh die Mutterrolle für ihre kleineren Geschwister. Schulausbildung ist da nicht möglich. Oft werden die Mädchen
auch schon im Kindesalter verheiratet.

jedes 3. Kind nicht in Schule ...

2
●●●
a Formuliere einen Text für die Schülerzeitung. Verwende ausschließlich die indirekte Rede.
Setze unterschiedliche Redebegleitsätze ein, z.B.: Mark Lang führte aus/betonte/unterstrich, ...

In unserem Interview mit dem Afrikaexperten Mark Lang führte dieser aus, in Afrika gehe ...

b Umkreise die Verbformen im Konjunktiv I und deren Ersatzformen (Konjunktiv II, würde-Ersatzform).

Den Konjunktiv II erkennen und verwenden – Schule in Not!

Information	Der Konjunktiv II

Wenn man eine **Aussage** als **unwirklich**, nur **vorgestellt**, **unwahrscheinlich** oder **gewünscht** kennzeichnen möchte, verwendet man den **Konjunktiv II.**

- **Bildung des Konjunktivs II**
  Der Konjunktiv II wird in der Regel vom **Präteritum Indikativ** abgeleitet.
  Bei **starken Verben** werden *a, o, u* im Wortstamm zu *ä, ö, ü,* z.B.:
  er gab → er gäbe, er zog → er zöge, er trug → er trüge.
- Anstelle des Konjunktivs II wird die *würde*-**Ersatzform** verwendet, wenn der **Konjunktiv II** vom **Präteritum nicht zu unterscheiden** ist, z.B.: *wir riefen → wir würden rufen.*
  Die würde-Ersatzform hat sich im **mündlichen Sprachgebrauch** zunehmend durchgesetzt.
- Der **Konjunktiv II** steht auch dann, wenn man bei der Wiedergabe einer Aussage **Zweifel** hat, z.B.:
  Politiker: *„Ich **kann** nichts machen." → Der Politiker behauptet, er **könnte** nichts machen.*

1 Formuliere die folgenden Aussagen A bis E in Wünsche um.
Setze die unterstrichenen Verben in den Konjunktiv II oder in die würde-Ersatzform.
Tipp: Verwende Einleitungssätze wie: *Es wäre schön/gut/hilfreich/wünschenswert/zu begrüßen, wenn …*

A Es gibt nicht ausreichend Computer in den Klassen. *Es wäre schön, wenn es* _____

_____ .

B In den Klassenräumen hängen keine Whiteboards. _____

_____

C An den Fenstern sind keine Sonnenschutzblenden installiert. _____

_____

D Nicht alle Schulen besitzen große Turnhallen. _____

_____

E Die Pausenhöfe weisen keine Spielmöglichkeiten auf. _____

_____

2 Gib die folgenden Aussagen so wieder, dass du als Sprecher deine Zweifel ausdrückst.

A Ein Schulleiter: „Mein Personal an Lehrerinnen und Lehrern reicht aus."

Der Schulleiter behauptet, _____

_____ .

B Eine Oberbürgermeisterin: „Manche Schule kann in diesem Jahr mit mehr Geld rechnen."

_____

_____

Meine Traumschule –
Den Konjunktiv II oder die *würde*-Ersatzform verwenden

 1
●○○
a Unterstreiche – in der Rolle eines Tutors für die 5. Klasse – im folgenden Aufsatz alle Verbformen.
b Bilde in der Randspalte die richtigen Formen des Konjunktivs II.
Tipp: Bilde zuerst das Präteritum Indikativ und dann den Konjunktiv II oder die würde-Ersatzform, z. B.:
Präsens Indikativ: *ich laufe* → Präteritum Indikativ: *ich lief* → Konjunktiv II: *ich liefe*,
Präsens Indikativ: *sie schenken* → Präteritum Indikativ: *sie schenkten* → = Konjunktiv II: *sie schenkten*
würde-Ersatzform → *sie würden schenken.*

Maja und Benedict (5. Klasse, Heinrich Böll-Gesamtschule)

Meine Traumschule

In meiner Traumschule <u>gibt</u> es nur nette Lehrerinnen und Lehrer. Sie quälen | *gab → gäbe*

die Kinder nicht mit Hausaufgaben, sondern singen und spielen am Nachmittag

mit ihnen. Die Schülerinnen und Schüler richten ihren Klassenraum selbst ein.

Da befinden sich z.B. Sofas und gemütliche Sessel, damit man sich zwischen-

durch ausruhen kann. Vom Klassenzimmer aus rutschen die Kinder direkt auf

den Pausenhof. Dort sind exotische Bäume mit leckeren Früchten und es blühen

tropische Blumen in den schillerndsten Farben.

Über riesige Klettergerüste können die Schülerinnen und Schüler in die Baum-

wipfel klettern und von dort sehen sie bis ans Ende der Welt.

 2
●○○
a Ergänze die folgenden Sätze A bis E um weitere Ideen für eine Traumschule.
b Kreise die Verbformen im Konjunktiv ein. Prüfe, ob die würde-Ersatzform notwendig ist.
Tipp: Lies noch einmal die Information auf S. 51.

A Schön wäre es, wenn _____.

B Es wäre gut, wenn _____.

C In meiner Traumschule _____.

D In der Turnhalle _____.

E Im Lehrerzimmer _____.

Die Schule der Zukunft –
Den Konjunktiv II oder die *würde*-Ersatzform verwenden

1 Formuliere die folgenden Vorschläge für eine zukunftsfähige Schule mit Hilfe des Konjunktivs II so um, dass sie nur als vorgestellt erscheinen.

Tipp: Verwende die würde-Ersatzform, wenn sich der Konjunktiv II nicht vom Indikativ Präteritum unterscheidet.

A Klassenräume brauchen mehr Licht und große Bewegungs- und Spielflächen.

B Der Unterricht findet in vielen Räumen statt, z. B. in Werkstätten, Bühnen und Proberäumen.

C Jede Schule nimmt auch behinderte und lernschwache Schülerinnen und Schüler auf.

D Die Schule der Zukunft bietet ausgewogen Lernen, Toben, Verweilen, Reden, Essen und vieles mehr an.

E Dunkle und hellhörige Flure werden umgebaut.

F Die Lehrkräfte arbeiten nicht als Einzelkämpfer, sondern im Team.

G Der Pausenhof gibt allen die Gelegenheit, sich zu bewegen.

H Die Schule wird zu einem gemeinsamen Ort für Lehrkräfte und Lernende.

A *In den Schulen der Zukunft brauchen ... bräuchten (veraltet) ... würden wir*

_____.

B *Der Unterricht*

_____

_____

_____

_____

_____

_____

2 Gib die beiden folgenden Aussagen so wieder, dass du einen Zweifel an ihnen ausdrückst.

Herr Kurz: „Ich habe diese Ideen an unserer Schule bereits durchgesetzt."

Frau Klein: „Tablets und Smartphones gibt es in Zukunft statt Buch und Tafel."

Herr Kurz behauptet, _____

_____.

Frau Klein meint, _____

_____.

Teste dich! – Rund ums Verb

1 a Der folgende Artikel soll in der Schülerzeitung abgedruckt werden. Das Redaktionsteam hat Verbesserungen vorgeschlagen. Setze diese Verbesserungsvorschläge am Rand um.

Unser Schulfest

Das große Schulfest in unserer Schulaula hat bereits Tradition. Nachdem in den letzten Tagen noch fleißig geübt wurde, konnte es endlich losgehen. Beratungslehrer Hahnenberg meinte vor der Karnevalssitzung, die Schüler hätten ein tolles Programm vorbereitet, auf das sie stolz sein könnten. Und tatsächlich: Schon nach der ersten Nummer, einem lustigen Tanz der Klasse 7, hat sich eine großartige Stimmung entwickelt. Ein Vater meinte, es ist schön, wenn seine Gelenke auch noch so funktionieren.

Den absoluten Höhepunkt bildete wieder einmal das Lehrerballett, das gleichzeitig auch das Ende der Sitzung bildete. Schulleiterin Möller meinte bedauernd: Ich habe mittrainiert, kann aber heute nicht auftreten, da mich starke Rückenschmerzen plagen." So gelungen dieses Fest auch war, so gab es doch einen unschönen Vorfall. Trotz des ausdrücklichen Verbots brachte Klaus Müller aus der Klasse 10 Alkohol mit in die Aula. „Einige lernen es nie!", meinte Herr Hahnenberg.

besser: Aktiv, Tempusfehler

besser: direkte Rede

Tempusfehler/Konjunktiv beachten

Vermeide Wiederholungen

besser: indirekte Rede

besser Passiv: Täter nicht nennen

b Vervollständige den folgenden Satz:

Die beiden markierten Prädikate (Z.1 u. 20) stehen im Präsens, weil _____

_____ .

2 Vervollständige die folgende Regel zum Konjunktiv II in der indirekten Rede. Wann wird er verwendet?

Bei der indirekten Rede steht der Konjunktiv II, wenn _____

_____

oder _____ .

Sätze und Satzglieder –
Sich für einen Praktikumsplatz bewerben

Satzglieder bestimmen und verwenden

Methode	Satzglieder bestimmen – Die Umstellprobe

- **Das Prädikat** bildet im Satz den **Satzkern** und antwortet auf die **Frage: Was geschieht? Was ist?**
- Prädikate werden **durch Verben gebildet.** In einem Aussagesatz steht die **Personalform des Verbs** (der gebeugte Teil) immer **an zweiter Satzgliedstelle,** z. B.:
  Ich <u>interessiere</u> mich für Ihre Anzeige.   *Ich <u>habe</u> Ihre Anzeige gelesen.*
- Durch die **Umstellprobe** lässt sich feststellen, wie viele Satzglieder ein Satz enthält.
  Bei der Umstellprobe bleiben die Wörter und Wortgruppen zusammen, die ein Satzglied bilden, z. B.:
  <u>Mein Praktikum</u> <u>endet</u> <u>in vier Wochen</u>.   <u>In vier Wochen</u> <u>endet</u> <u>mein Praktikum</u>.
- Mit der **Umstellprobe** kann man einen **eintönigen Satzbau durch Umstellen der Satzglieder verbessern.**
  Man kann so auch Wörter oder Wortgruppen an den Anfang rücken, die man besonders betonen will.
- Mit der Frageprobe lassen sich die weiteren Satzglieder bestimmen:

Satzglied	Frageprobe	Beispiel
Subjekt	Wer? Was?	*Mein Praktikum endet bald.*
Akkusativobjekt	Wen? Was?	*Ich beende das Praktikum.*
Dativobjekt	Wem?	*Ich vertraue meinem Chef.*
adverbiale Bestimmung	Wann? Wo? Warum? Wie?	*Mein Praktikum endet bald.*

1 **a** Führe an dem folgenden Satz aus einem Bewerbungsschreiben die Umstellprobe durch.
  b Umkreise in deinem umgestellten Satz die Wörter und Wortgruppen, die ein Satzglied bilden.

> Ich absolviere gern in Ihrer Arztpraxis in den nächsten vier Wochen ein Praktikum.

(In den nächsten vier Wochen) – (absolviere) ...
_____ .

c Bestimme die Satzglieder des Satzes mit Hilfe der Frageprobe. Schreibe für adverbiale Bestimmung *adverb. Best.*

Wer oder was? *Ich = Subjekt*, Wen oder was? _____

Wann? _____

Wie? _____   Wo? _____

2 Formuliere im Heft die beiden folgenden Sätze aus dem Bewerbungsschreiben mit Hilfe der Umstellprobe um.

A Ich trete das Praktikum in Ihrer Praxis mit großen Erwartungen an.

B Bereits in unserer Schule habe ich an mehreren Erste-Hilfe-Kursen teilgenommen.

Adverbiale Bestimmungen verwenden

Genauere Umstände eines Geschehens werden mit **adverbialen Bestimmungen** angegeben.
Sie können aus einem oder mehreren Wörtern bestehen, z. B.: *dort* (Adverb), *in einer Woche, abends*.

adverbiale Bestimmung	Fragen	Beispiel
des Ortes (lokal)	Wo? Wohin? Woher	*Ich bewerbe mich dort.*
der Zeit (temporal)	Wann? Seit wann? Wie lange?	*Ich bewerbe mich in einer Woche.*
des Grundes (kausal)	Warum? Weshalb?	*Ich bewerbe mich aus Interesse.*
der Art und Weise (modal)	Wie? Womit? Wodurch?	*Ich bewerbe mich schnell.*

1 In einen Praktikumsbericht sollte man die näheren Umstände möglichst genau beschreiben.

a Unterstreiche in dem folgenden Bericht so wie in der Methode die verschiedenen adverbialen Bestimmungen.

b Vermeide Wiederholungen. Streiche im Bericht die markierten adverbialen Bestimmungen und schreibe je ein Adverb oder Adjektiv darüber, das sie ersetzen kann, z. B.: *… in einer internistischen Praxis.* ~~*In der Praxis*~~ → *dort*.

> Mein Praktikum machte ich in einer internistischen Praxis. *In der Praxis* praktiziert ein fünfköpfiges Ärzteteam.
>
> Dieses Team arbeitet schon seit vielen Jahren mit großer Professionalität zusammen. *Mit großer Professionalität*
>
> regeln auch die Angestellten die organisatorischen Abläufe der Praxis. Ich konnte aus diesem Grund sowohl
>
> kaufmännische als auch medizinische Erfahrungen sammeln. *Aus diesem Grund* bewerte ich die Zeit meines
>
> Praktikums auch sehr positiv. Besonders gut gefiel mir, dass ich schon nach wenigen Tagen im Labor mithelfen
>
> durfte. *Im Labor* werden vor allem die Blutproben der Patienten ausgewertet und Krankheitsfaktoren bestimmt.
>
> In der dritten Woche konnte ich im Empfang u. a. Telefongespräche entgegennehmen und Termine vereinbaren.
>
> Der unmittelbare Kontakt mit den Patienten hat mir in der Zeit meines Praktikums besonderen Spaß gemacht.

2 Schreibe in deinem Heft den Praktikumsbericht weiter.
Nutze die Fragen, die durch die adverbialen Bestimmungen im nachstehenden Wortspeicher zu ergänzen sind.

Wann? Mein Entschluss steht … fest.
　　　　Ich will … einen Beruf im medizinischen Bereich erlernen.
Warum? Ich habe … eine genaue Vorstellung von meinem späteren Berufsleben.
Womit? Ich werde mich … auf meinen weiteren Werdegang vorbereiten.
Wo? Ich beabsichtige, … meine Fremdsprachenkenntnisse zu verbessern.

Wortspeicher

an der Volkshochschule　　nach Abschluss meiner Schulzeit　　auf Grund meiner vielfältigen Erfahrungen
nach Beendigung meines Praktikums　　mit weiteren Praktika　　nun

Sätze richtig verknüpfen

Information	Satzreihe	Satzgefüge

Hauptsatz   **Hauptsatz**
Mit gefällt Ihr Angebot, denn es ist interessant.

Hauptsatz
Mir gefällt Ihr Angebot,

Im **Nebensatz** steht die **Personalform** des Verbs am Satzende.

Nebensatz
weil es interessant ist.

Konjunktionen: *denn, sondern, und, oder, aber*
Tipp: Vor *und* bzw. *oder* muss kein Komma zwischen den Hauptsätzen stehen.

Konjunktionen: *nachdem, weil, als, wenn, damit, ...*

- Mit **Konjunktionen** kann man Hauptsätze zu **Satzreihen** und **Satzgefügen** verknüpfen, um **Sinnzusammenhänge zu verdeutlichen,** z. B.: *Grund, Zeit, Zweck, Bedingung, ...*
- **Mehrere** miteinander verwobene **Satzreihen und Satzgefüge** (Schachtelsätze) werden lesbarer, wenn sie in einzelne **Hauptsätze** umformuliert werden. Zwischen **Hauptsatz und Nebensatz** steht ein **Komma.**

1 **a** Verbinde wie folgt die Sätze A bis F und 1 bis 6 zu sinnvollen Satzreihen oder Satzgefügen für eine Bewerbung (▶ Information). Nutze die in der Tabelle angegebenen Konjunktionen.

b Notiere wie im Beispiel, ob es sich bei deiner Satzverknüpfung um eine Satzreihe oder ein Satzgefüge handelt. Schreibe so in dein Heft:
(2) Ich interessiere mich ... + (A), denn ich bin ... (Satzreihe)

A Ich bin sehr sportbegeistert.	*denn*	1 Ich habe erste Einblicke in das Fußballgeschäft gewonnen.
B Ich wäre für eine baldige Antwort dankbar.	*aber*	2 Ich interessiere mich für ein Praktikum bei Ihnen.
C Ein Praktikum bei Ihnen wäre für mich sehr bedeutsam.	*deshalb*	3 Ich habe mich sofort bei Ihnen beworben.
D Ich habe in der Zeitung Ihr Angebot für ein Praktikum gelesen.	*nachdem*	4 In Ihrem Angebot wird ein anderer Zeitraum vorgeschlagen.
E Sehr gern würde ich die Sommerferien für die Beschäftigung bei Ihnen nutzen.	*weil*	5 Ich kann meine Urlaubspläne darauf abstimmen.
F Ich spiele selbst in einem Kreisligaverein in der A-Jugend Fußball und arbeite in der Geschäftsstelle unseres Vereins.	*damit*	6 Mein Berufswunsch ist der des Sportmanagers.

2 **a** Schreibe die Bewerbung geordnet und vollständig in dein Heft.
b Prüfe und verbessere den Text mit deinem Nachbarn.

Praktikum bei einem Fußballclub (1) – Schachtelsätze und Füllwörter vermeiden

Methode	Übersichtlicher Satzbau

Zu einem **guten Stil** gehört es, **Schachtelsätze** und **Füllwörter** zu vermeiden. So werden die Sätze für die Leser klarer und übersichtlicher.
- **Schachtelsätze** sind **komplizierte Satzgefüge** mit mehreren eingeschobenen Nebensätzen.
- Mit der **Weglassprobe** kannst du prüfen, welche **unnötigen Füllwörter** in einem Text gestrichen werden sollten, z. B.: *durchaus, insgesamt, recht, wohl, übrigens, ...*

1 Bei den folgenden Sätzen A bis C handelt es sich um Schachtelsätze.
●○○ **a** Zeichne wie im Beispiel A unter die Sätze das jeweilige Satzbaumuster.
b Formuliere jeweils die Schachtelsätze in übersichtliche Satzreihen und Satzgefüge um.

A Die Chance, falls Sie mich auswählen, werde ich, da ich sehr zuverlässig bin, nutzen.

Hauptsatz_____,   Hauptsatz,   Hauptsatz_____.

_____Nebensatz_____,   _____Nebensatz 2_____,

→ *Falls Sie mich auswählen, werde* _____ .

Denn _____ .

B Die Teamarbeit, die ich in der Schule, wo ich sehr erfolgreich bin, schon durchführe, reizt mich.

→ _____

_____

C Ich sende Ihnen, wenn Sie möchten, weitere Unterlagen, die Sie interessieren, sehr gern zu.

→ _____

_____

2 Verbessere das folgende Satzgefüge. Achte besonders auf den falschen Gebrauch der Konjunktion.
●○○

Ich bin überzeugt, dass wenn Sie mich einstellen, werden Sie mit mir zufrieden sein.

_____

3 Streiche in dem folgenden Textausschnitt alle Füllwörter.
●○○

Mir ist übrigens durchaus klar, dass ein derart bekannter Fußballclub unter zahlreichen Bewerbern auswählen kann. Dennoch bin ich der festen Überzeugung, dass meine recht guten Qualifikationen insgesamt wohl ausreichen dürften, damit Sie sich für mich entscheiden.

4 Wenn du weiter üben willst, dann bearbeite auch die Folgeseite.

Praktikum bei einem Fußballclub (2) –
Schachtelsätze und Füllwörter vermeiden

1 Lies den folgenden Auszug aus einer Bewerbung.

●●● **a** Löse die Schachtelsätze auf, indem du übersichtliche Satzgefüge und Satzreihen bildest. Schreibe sie neu auf.

b Streiche überflüssige Füllwörter.

Ich möchte mich, nachdem ich Ihre Anzeige im Abendanzeiger gelesen habe, auf die von Ihnen angebotene Praktikumsstelle bewerben. Gern würde ich, da ich in den Sommerferien eigentlich eine Reise, die mich nach Schottland führen soll, geplant habe, in
5 den Herbstferien, obwohl das eine kürzere Zeit ist, bei Ihnen arbeiten. Ich glaube, ich bin für diese Aufgabe durchaus sehr gut vorbereitet, da ich mich in der Schule bereits recht häufig mit organisatorischen Arbeiten im Rahmen von Sportfesten und anderen Festivitäten beschäftigt habe. Meine Fremdsprachenkenntnisse,
10 die ich übrigens nicht nur in der Schule, sondern auch bei mehreren Auslandsaufenthalten gewonnen habe, erlauben mir, auch Telefonate aus dem Ausland entgegenzunehmen, sodass ich mich gerade auch für die Zusammenarbeit mit der internationalen Presse insgesamt gut gewappnet fühle. Es wäre ganz bestimmt eine
15 sehr große Ehre für mich, bei einem wirklich so bekannten Traditionsverein eine Zeitlang mitarbeiten zu dürfen.

Auch der Fußballprofi Maik Franz hat mal als Praktikant gearbeitet, hier auf der Pressestelle des Vfl Wolfsburg im Jahr 2003

Sehr geehrte Damen und Herren,

nachdem ich im Abendanzeiger ihre Anzeige _____ ,

_____

_____

_____

_____

_____

_____

_____

_____

_____

_____

Mit freundlichen Grüßen

...

Mit Attributen und Relativsätzen genau formulieren

Information **Attribute und Relativsätze**

Mit **Attributen** (Beifügungen) und **Relativsätzen** kann man genauere Angaben machen.

■ **Attribute** bleiben im Satz fest mit ihrem Bezugswort verbunden (▶ Umstellprobe, S. 55), z. B.:
Der Beruf der Krankenpflegerin interessiert mich.
→ *Mich interessiert der Beruf der Krankenpflegerin. (= Genitivattribut)*
Ich absolvierte ein gutes Praktikum.
→ *Ein gutes Praktikum absolvierte ich. (= Adjektivattribut)*
Ich bevorzuge eine Tätigkeit bei einer Internistin.
→ *Eine Tätigkeit bei einer Internistin bevorzuge ich. (= präpositionales Attribut)*

■ **Relativsätze** werden durch Relativpronomen eingeleitet, z. B.: *der, die, das, welcher, welche, welches.*
Man trennt sie durch **Komma** vom Hauptsatz ab, z. B.:
Ich arbeitete in einer modernen Praxis. (= Adjektivattribut)
→ *Ich arbeitete in einer Praxis, **die modern ausgestattet war.** (= Relativsatz)*

■ **Relativsätze** werden auch **Attributsätze** genannt, weil sie ein Attribut ersetzen können.

---

1 **a** Unterstreiche im folgenden Text alle Relativsätze und setze die fehlenden Kommas.
b Markiere die verschiedenen Attribute so wie in der Information beispielhaft vorgegeben.

Mein Traumberuf
(1) Als ich noch ein Kind war und Märchen über alles liebte wollte ich unbedingt einmal eine schöne Prinzessin werden. (2) Wenn ich mir heute vorstelle, ich müsste mein Leben in einem Königshaus verbringen, bekomme ich eine Gänsehaut. (3) Harte Vorschriften die mich einengen würden könnte ich nicht ertragen. (4) Der Beruf welcher mir nun vor Augen schwebt verlangt strenge Disziplin und den bedingungslosen Einsatz für Menschen, schenkt aber andererseits ein großes Gefühl der Befreiung: Ich meine den Beruf der Krankenpflegerin. (5) Sich um Menschen zu kümmern die krank und verzweifelt sind halte ich für die sinnvollste Tätigkeit überhaupt. (6) Sehr gern würde ich in einem durch seine gesellschaftlichen und wirtschaftlichen Nöte am Boden liegenden Entwicklungsland als Krankenpflegerin den Ärmsten der Armen helfen.

---

2 **a** Ersetze in den Sätzen (3) und (5) die umständlich wirkenden Relativsätze
durch Attribute.

(3) _____

_____

_____

(5) _____

_____

_____

b Forme Satz (6) in ein Satzgefüge aus Hauptsatz und Relativsatz um.

(6) _____

dass-Sätze verwenden

- **Nebensätze,** die mit der Konjunktion *dass* beginnen, werden durch **Komma** abgetrennt. Im Satz nehmen sie häufig die Rolle des **Subjekts** (*Wer oder was …?*) oder **Objekts** (*Wen oder was …?*) ein, z. B.:
  - **Subjektsatz:** *Klar ist, dass ich Kfz-Mechatroniker werden möchte.*
    Frage: *Wer oder was ist klar?* Antwort: *…, dass ich Ingenieur werden möchte* (= Subjekt)
  - **Objektsatz:** *Ich weiß, dass ich Kfz-Mechatroniker werden möchte.*
    Frage: *Wen oder was weiß ich?* Antwort: *…, dass ich Kfz-Mechatroniker werden möchte* (= Objekt)
- **Nebensätze** mit *dass* können vor oder nach dem Hauptsatz stehen.
- Sie dürfen nicht mit **Relativsätzen** verwechselt werden, die mit dem **Relativpronomen** das **(= welches)** eingeleitet werden.

1
a Formuliere die folgenden Aussagen A bis E zu *dass*-Sätzen um. Setze die Kommas.
b Markiere wie in der Information, ob es sich bei den *dass*-Sätzen um einen Subjekt- oder Objektsatz handelt.

A Mir ist klar: Ich strebe nach meinem Schulabschluss eine Ausbildung als Kfz-Mechatroniker an.
B Ich weiß nun: Ich muss mich in den naturwissenschaftlichen Fächern verbessern.
C Ich hoffe: Ich bekomme einen Praktikumsplatz in einer modernen Kfz-Werkstatt.
D Ich erwarte: Ich werde in meinem Berufswunsch durch das Praktikum bestärkt.
E Ich glaube: Ich mache bei den Vorstellungsgesprächen einen guten Eindruck.

A *Mir ist klar, dass ich nach meinem Schulabschluss* _____

_____ .

B _____

C _____

D _____

E _____

2
a Unterscheide zwischen Nebensatz mit *dass* und Relativsatz mit *das*. Setze in den folgenden Lückentext jeweils richtig *dass* oder das Relativpronomen *das* ein.
Tipp: Wenn du in eine Lücke das Relativpronomen *welches* einsetzen könntest, dann setze *das* ein.
b Schreibe in die Klammern *Rs*, nur wenn es sich um einen Relativsatz handelt.

_____ ich als Vorbereitung auf meinen Wunschberuf noch sehr viel lernen muss, ist mir bewusst. (____)

Ich habe ein Praktikum durchlaufen, _____ , mich in meiner Berufswahl bestärkt hat.. (____)

Mir ist klar, _____ für diesen Ausbildungsberuf bestimmte Voraussetzungen gelten. (____)

Das Schulfach, _____ mir am meisten Spaß gemacht hat (____), begründet meine Berufswahl.

Mit Adverbialsätzen nähere Umstände ausdrücken

Information   Adverbialsätze

Adverbialsatz	Fragen	Beispiel
der Zeit: Temporalsatz	Wann? Wie lange? Seit wann?	*Nachdem* ich Ihre Zeitungsanzeige im … gelesen habe, bewerbe ich mich bei Ihnen.
des Ortes: Lokalsatz	Wo? Von wo? Wohin?	Ich würde gern in der Personalabteilung arbeiten, *wo* ich verschiedene Arbeitsfelder kennen lernen könnte.
der Art und Weise: Modalsatz	Wie? Wodurch? Womit? Woraus?	Ich kann meine Erfahrungen vertiefen, *indem* ich auch andere Abteilungen der Firma kennen lerne.
des Grundes: Kausalsatz	Warum? Weshalb?	*Weil* ich das Arbeitsklima damals als sehr angenehm empfunden habe, freue ich mich auf meine neue Tätigkeit.
des Zwecks: Finalsatz	Wozu?	Ich würde bei Ihnen gern in den Ferien arbeiten, *damit* ich keinen Unterricht verpasse.
der Einschränkung: Konzessivsatz	Mit welcher Einschränkung?	*Obwohl* ich gern Ferien gemacht hätte, habe ich mich zu dieser Bewerbung entschlossen.
der Bedingung: Konditionalsatz	Unter welcher Bedingung?	Es ist sinnvoll, *wenn* man schon vor der Berufsausbildung Kontakte zu späteren Arbeitgebern pflegt.

1 **a** Unterstreiche in den folgenden Bewerbungssätzen für einen Ferienjob die Adverbialsätze.
b Notiere, um welche Adverbialsätze es sich jeweils handelt.

(1) Weil ich später als Diplomkaufmann arbeiten möchte, bewerbe ich mich für diesen Ferienjob.

=

(2) Zurzeit gehe ich auf die Bertolt-Brecht-Gesamtschule, wo ich auch das Abitur machen möchte.

=

(3) Wenn Sie mir die Gelegenheit dazu geben, stelle ich mich Ihnen auch gern persönlich vor.

=

(4) Sehr gern arbeite ich auch in anderen Abteilungen, damit ich meine Erfahrungen vertiefe.

=

(5) Obwohl ich nicht Anwalt werden will, interessiert mich Ihre Rechtsabteilung.

=

(6) Ich werde mich telefonisch bei Ihnen melden, nachdem ich Nachricht von Ihnen erhalten habe.

=

2 Adverbialsätze können am Satzanfang, am Satzende oder auch eingeschoben in der Mitte stehen, z. B.:
Weil ich arbeite, mache ich keinen Urlaub.
Ich mache keinen Urlaub, *weil ich arbeite*.
Ich mache, *weil ich arbeite*, keinen Urlaub.

a Verbinde die beiden folgenden Hauptsätze (1) und (2) zu einem Satzgefüge aus Hauptsatz und nachgestelltem modalen Adverbialsatz mit der Konjunktion *indem* (▶ Information, S. 62).

(1) Sie können mich kontaktieren.
(2) Sie können eine E-Mail schreiben.

b Stelle den Adverbialsatz zweimal um und setze die Kommas:

1 = vorangestellter Adverbialsatz, 2 = eingeschobener Adverbialsatz.

1 *Indem Sie* _____ .

2 *Sie können* _____ *mich* _____ .

3 **a** Verknüpfe bei A, B, C die beiden Hauptsätze zu einem Satzgefüge mit Adverbialsatz. Nutze die Konjunktionen *falls, nachdem, weil* und setze die Kommas.
b Stelle deinen Adverbialsatz zweimal um.
c Bestimme die Art der Adverbialsätze. Schreibe die jeweilige Fachbezeichnung darüber.

A Sie bieten in diesem Jahr noch weitere Aushilfsjobs an. Ich bin daran interessiert.

_____

_____

_____

B Ich mache bald meinen Schulabschluss. Ich würde gern in den Ferien bei Ihnen arbeiten.

_____

_____

_____

C Ich möchte bald meine Familie im Ausland besuchen. Ich möchte meine Sprachkenntnisse verbessern.

_____

_____

_____

4 Formuliere zwei eigene Satzgefüge mit Adverbialsätzen zum Thema „Ich bewerbe mich um einen Ferienjob".

_____

_____

Teste dich! – Satzbau

1 Erweitere den folgenden Satz, indem du die adverbialen Bestimmungen der Zeit und den Kausalsatz einsetzt. Wähle die richtigen adverbialen Bestimmungen aus dem Wortspeicher aus.

PUNKTE

Wortspeicher

| Viele Schüler jobben. | in den Ferien | in einer Firma | mit einem Freund |
| | weil sie ihr Taschengeld aufbessern wollen | | gern |

2 Verbinde die folgenden Sätze A bis C a) jeweils zu einer Satzreihe, b) zu einem Satzgefüge mit Adverbialsatz. Verwende die Konjunktionen *weil, obwohl, damit, ~~dennoch~~, darum, denn* und setze die Kommas.

PUNKTE

A Ich arbeite in den Ferien. Ich brauche eigentlich Erholung.

a) *Ich brauche* _____ , dennoch _____ .

b) _____

B Meine Erfahrungen in dieser Firma sind gut. Ich bewerbe mich erneut.

a) _____

b) _____

C Ich möchte eine Reise machen. Ich jobbe in den Ferien.

a) _____

b) _____

3 Formuliere den Schachtelsatz so um, dass sich ein übersichtlicher Satzbau ergibt.

PUNKTE

Ich werde, falls ich den Job, den ich anstrebe, nicht bekomme, auf eine Ferientätigkeit verzichten.

_____

_____

4 Kreuze an:

richtig   falsch

A Der Relativsatz ersetzt ein Attribut. Er ist deshalb ein Attributsatz. ☐ ☐

B Der Konzessivsatz tritt an die Stelle einer kausalen adverbialen Bestimmung. ☐ ☐

5 Zähle die Punkte, die du erreicht hast, mit Hilfe des Lösungsheftes zusammen (▶ S. 21).

GESAMT

☺ 11–8 Punkte	☺ 7–5 Punkte	☹ 4–0 Punkte
Gut gemacht!	Gar nicht schlecht! Wo hattest du Schwierigkeiten? Wiederhole die passenden Übungen auf S. 55–63.	Du solltest noch einmal üben! Arbeite die S. 55–63 erneut durch.

Das kann ich schon! –
Strategien und Regeln beherrschen

1 Prüfe deine Strategiesicherheit.
Trage die folgenden Wörter in die zutreffende Spalte der nachstehenden Tabelle ein.

PUNKTE

die Landschaft   die Gräben   der Waldbrand   das Chaos   der Spind   der Flugbegleiter   blind

die Geräte   der Stapler   die Windkraft   äußerlich   häkeln   die Chemie   klug

Verlängern	Zerlegen	Ableiten	Merken

2 **a** Entscheide, wie die folgenden Begriffe geschrieben werden. Streiche die Fehlschreibungen.

(die) Metaltür/Metalltür   (der) Werkstofprüfer/Werkstoffprüfer   (der) Angestellte/Angestelte

(der) Branndschutz/Brandschutz   (der) Rollladenbauer/Rolladenbauer   (die) Schnitmenge/Schnittmenge

b Schreibe zu jeder Richtigschreibung das Beweiswort auf.

PUNKTE

3 Entscheide: silbenöffnendes *h* oder Dehnungs-*h*? Markiere die folgenden Wörter
mit dem Strategiezeichen Ⓜ , wenn sie mit einem Dehnungs-*h* geschrieben werden:

PUNKTE

ahnen, Bohrung, Drehmoment, ehren, erwähnen, Fahrer, Gehstrecke, gähnen, Hohlraum, ihren, Jahrtausend,

Kohlenstoff, Leihangebot, mahlen, nähern, ohne, oho, roh, Stehpult, wehen.

4 **a** Der Buchstabe *ß* wird in Blockschrift *SS* geschrieben. Notiere die Wörter, die mit *ß* zu schreiben sind.

FRESSEN: Der Vogel FRISST jetzt, er FRASS gestern und er hat gerade wieder GEFRESSEN.
MESSEN: Der Schneider MISST mit dem MASSBAND. Gestern hat er die MASSE für ein neues Kleid GEMESSEN.
GIESSEN: Wenn du die Blumen mit der GIESSKANNE GIESST und einen starken WASSERGUSS auf die Blüten ver-
meidest, dann sind sie gut GEGOSSEN und sehen wieder frisch aus.

b Streiche in der folgenden Regel das falsche Wort.

Den zischenden *s*-Laut schreibt man als *ß*, wenn die erste Silbe *offen/geschlossen* ist.

PUNKTE

5 Finde in dem Text „Frauenfußball in Brasilien" die Fehler in der Großschreibung.

a Markiere alle Begleiter vor den Nomen und Nominalisierungen.
Korrigiere die falsche Kleinschreibung.

b Umkreise die Nominalisierungen.

PUNKTE

PUNKTE

Frauenfußball in Brasilien

Brasilien ist ein fußballverrücktes Land. Das besondere ist, dass viele brasilianische Fußballer in der ganzen Welt spielen und sich den traum erfüllen, die Armut hinter sich zu lassen. Aber warum gibt es so
5 wenige brasilianische Fußballerinnen? Das liegt daran, dass der Frauenfußball in Brasilien keine große beachtung und Unterstützung erfährt. Das erfüllen der Fußballträume für Frauen trifft tag für tag auf enorme Widerstände. So wurde der Frauenfußball
10 sogar noch 1964 von der Militärregierung verboten,

und diese Verordnung blieb bis 1981 in Kraft. Aber auch nach aufhebung des Verbotes war den Frauen das nutzen offizieller Fußballstadien verboten, und die Turniere mussten Festivals genannt werden. Dennoch führte das bei den fußballbegeisterten 15 Frauen nicht zum aufgeben ihrer Freude am spielen: Als der Frauenfußball 1996 olympisch wurde, gewannen die Brasilianerinnen auf Anhieb den vierten Platz.

6 **a** In der Fortsetzung des Textes „Frauenfußball in Brasilien" fehlen 5 Kommas. Setze sie richtig ein.

b Setze ein zusätzliches Komma, das stehen kann, aber nicht stehen muss.

c Schreibe in die Klammern den Buchstaben der Regel, gegen die verstoßen wurde. Kommasetzung bei:

PUNKTE

PUNKTE

PUNKTE

A Gegensätzen   B Satzreihen   C Satzgefügen   D eingeleitetem Infinitivsatz mit *zu*

20 In vielen Sportarten sind Frauen heute gleichberechtigt aber im Frauenfußball ist diese Gleichberechtigung immer noch nicht erreicht. ( )
Dass sich etwas geändert hat liegt an der Hartnäckigkeit der fußballbegeisterten Frauen. ( )
25 Der Männerfußball begann als Elitesportart der Frauenfußball hat sich dagegen von unten entwickelt und er wird hauptsächlich von Mädchen und

Frauen aus armen Bevölkerungsschichten getragen.
( )
Die Fußballerinnen müssen sich gegen das Vorurteil 30 wehren wie Männer sein zu wollen. ( )
Diese Vorurteile bleiben die Mädchen lassen sich jedoch von ihrem Kampf für den Sport nicht abhalten.
( )

7 Sind die hervorgehobenen Wörter in dem folgenden Text getrennt oder zusammenzuschreiben? Notiere sie richtig.

PUNKTE

35 Noch immer sind die Unterstützungsmaßnahmen für die Mädchen in Brasilien sehr niedrig. Wenn sie keine Arbeit haben, müssen sie trotzdem für die Ausrüstung für ihren Sport *selbst+auf+kommen* und ihre Reisekosten selbst bestreiten. Weil sie sich das
40 vom Mund *ab+sparen* müssen, kommen die Spielerinnen nicht selten mit leerem Magen zum Training. In besonders armen Bundesstaaten sind aber auch die Spielbedingungen für Männer *unter+durch+*

schnittlich. Das kann dazu führen, dass die wenigen 45 Spielflächen von den *Männer+Mannschaften besetzt+werden* und die Frauen auf Äckern und Wiesen *spielen+müssen*.
Obwohl einige Vereine die Mädchen mittlerweile besser unterstützen, sind berühmte brasilianische Fußballerinnen noch immer auf Unterstützung aus 50 dem Ausland angewiesen, wenn sie sich *weiter+entwickeln* und Hindernisse *über+winden* wollen.

8 Zähle deine Punkte mit Hilfe des Lösungsheftes zusammen (▶ S. 22–23). Wo hast du noch Probleme?

GESAMT

Rechtschreibstrategien anwenden – Fehler vermeiden

Strategie: Wörter verlängern und zerlegen

Methode	Strategien anwenden

- Die **meisten deutschen Wörter** haben eine **zweisilbige** Form, die man **schreibt, wie man sie liest.**
- In **Einsilbern** und am **Wortende** ist die Zuordnung der Buchstaben nicht immer eindeutig. Verlängert man die Wörter um eine Silbe, erkennt man die richtige Schreibung, z. B.: *der Weg → die Wege*.
- **Zusammengesetzte Wörter** kann man in ihre Bestandteile **zerlegen,** um zu prüfen, wo sich Einsilber oder Wörter mit unklaren Wortenden befinden, die man **verlängern** muss.

1 Prüfe, welche der folgenden Wörter man verlängern muss, um ihre richtige Schreibung zu beweisen.
a Ordne sie in der nachstehenden Tabelle nach Einsilbern und Zweisilbern.
b Verlängere die Einsilber und schreibe das verlängerte Wort als Beweiswort dazu.

| der Weg | der Himmel | der Strand | die Natur | die Wand | der Betrag | der Ausflug |
| der Anzug | der Steg | die Sterne | das Problem | der Krug | genug | wenig | der Hafer |

Einsilber

der Weg – die Wege, ...

Zweisilber

2 Ergänze Verben im Präteritum. Notiere die Verlängerungsformen, z. B.: *er kannte* – *kennen; er wog* – *wir wogen.*

er wog – _____   er nannte – _____   er betro – _____

er b____ – _____   er r____ – _____   er erw_____ – _____

er l____ – _____ *es*   er br___ – _____   er bez___ – _____

3 a Markiere die unklaren Stellen in den folgenden Zusammensetzungen. Zerlege und verlängere sie, z. B.:

betrüb|lich| – betrüben   Anzugs|größe – die Anzüge

der Abendstern – _____   erheblich – _____   vergnüglich – _____

der Wildhüter – _____   tausendfach – _____   endlich – _____

b Markiere in dem folgenden Satz alle Wörter mit Verlängerungsstellen.

Der Bildband zeigt, wie heftig Sandstürme sein können. Der Fotograf musste sorgsam und vorsichtig sein.

Strategie: Wörter ableiten und merken

Methode	Wörter mit *ä* und *äu* ableiten

- **Ableiten** heißt: **verwandte Wörter** mit *a* und *au* finden, z. B.: *der Wärter* – denn: *warten*.
- Wörter mit *ä/äu,* für die man **kein verwandtes Wort** findet, muss man sich **merken**, z. B.: *der Säbel*.
- **Fremdwörter** und **Fachwörter** mit *ä* gehören zu den **Merkwörtern**, z. B.: *das Prädikat*.

1 **a** Welche Wörter kannst du ableiten? Markiere sie mit für „Merken" oder mit für „Ableiten".
b Schreibe die verwandten Wörter mit *a* oder *au* auf.

erklären erläutern das Gebäude der Pädagoge das Gehäuse der Schnäuzer die Säule das Knäuel
der Bär die Säge die Sänfte die Lärche der Käse das Mädchen allmählich kränken die Krähen ähneln
nämlich kläffen häkeln nähern unpässlich anlässlich verlässlich unsäglich schädlich prägen äußerst

_____

_____

_____

2 **a** Markiere im Wortgitter waagerecht und senkrecht alle Fremdwörter mit *ä*.

Y	N	Ä	T	H	I	O	P	I	E	N	H
S	Ä	Ä	S	T	H	E	T	I	S	C	H
K	O	G	R	M	H	A	A	S	P	S	Ä
W	S	Ä	U	O	Ä	K	J	M	A	T	G
K	E	I	D	B	M	T	R	P	S	A	Ä
A	K	S	I	I	O	I	E	H	S	T	Q
P	R	Q	M	L	G	V	A	Ä	I	I	U
I	E	Ä	E	I	L	I	L	N	V	O	A
T	T	T	N	T	O	T	I	O	I	N	T
Ä	Ä	H	T	Ä	B	Ä	T	M	T	Ä	O
N	R	E	Ä	T	I	T	Ä	E	Ä	R	R
T	F	R	R	I	N	T	T	N	T	B	S

b Ordne sie der Ziffer ihrer Bedeutung zu:

1 Staat in Afrika **2** schön **3** Schiffsführer **4** Büroberuf **5** Teil des Mittelmeers **6** Betäubungsmittel
7 nur in Resten vorhanden **8** Beweglichkeit **9** roter Farbstoff im Blut **10** Tätigkeit **11** Wirklichkeit
12 Erscheinung **13** Untätigkeit **14** an einem festen Standort **15** Mittellinie der Erde

1 _____ 2 _____ 3 _____

4 _____ 5 _____ 6 _____

7 _____ 8 _____ 9 _____

10 _____ 11 _____ 12 _____

Einen Fehlertext mit Hilfe von Strategien überarbeiten

1 In dem folgenden Text hat ein Schüler markiert, bei welchen Wörtern er sich bei der Schreibweise unsicher ist. Korrigiere die Fehler und ordne die Wörter in der nachstehenden Tabelle der hilfreichen Strategie zu.

Sie sind ein bemerkenswertes Pärchen: die 78-jehrige Heidi Hetzer und ihr deutlich älterer Oldtimer Hudo. Zusammen machen sie eine Reise runt um die Welt. Länder wie die Türkei, Russland, China, Neuseeland und Australien bilden die erste Helfte der Etappe, zur Halpzeit haben die beiden dann die USA erreicht.

Heidi Hetzer ist eine entschlossene Frau, die sich von Schwierikkeiten nicht abschrecken läst. Dass sie sich mit ihrem Oldtimer auf die Weltreise traute, liegt auch daran, dass sie gelernte Automechanikerin ist und sich vor Reparaturen nicht fürchtet.
Ein Problem sind die Beifahrer. Heidi Hetzer ledt junge Menschen ein, auf einer Teilstrecke mit ihr zu fahren, weil nicht jeder ein ganzes Jar einfach um die Welt touren kan. Man mus aber wissen, dass sie in jedem Fall das Sagen hat. Nur in China war es ein bischen anders. Hier wurde ihr „Mister Wong" als „offizieller Reisefürer" zur Seite gestelt, und ihm konte sie nicht einfach die Fahrtroute diktieren.

Verlängern	Zerlegen und verlängern	Ableiten	Merken

2 Finde die Fehler in dem folgenden Text. Ordne sie korrigiert in die Tabelle aus Aufgabe 1 ein.

Wehrend Heidi Hetzer sich tapfer den Herausforderungen ihrer Weltreise stellt, macht ihr Auto immer mal wieder Erger. Wenn es berkauf geht, muss sie oft anhalten, damit Hudo abkühlen kan. Auf flachen Strecken schaft er 60 bis 80 Kilometer je Stunde.
„Seine alten Holzfelgen sind ein echter Hingucker", schwermt Hetzer von ihrem Weggefährten. Sie treffe stendig auf „fassungslose" Menschen, die Fotos knipsen wollen und ihr dafür mit Gastfreuntschaft danken, berichtet die Berlinerin. In Laos, wo sie Weihnachten verbrachte, landete sie beim deutschen Botschafter; im US-Staat Utah bot ihr ein Cowboy einen Schlafplatz auf seiner Ranch an. Tolle Menschen seien ihr auch in Neuseeland begegnet, „dem bisher schönsten Land" auf ihrer Reise.

Dennoch ist die Fahrt nicht ungefährlich: Bei einem Motorschaden, den Hetzer reparieren muste, verlor sie zwei Finger, von denen einer wieder angenäht werden konte. Diese Verletzung ist besonders schwierik, weil sich Hudo nur mit viel Kraft am Lengkrad steuern lesst.
Hetzers Vorbilt ist die Rennfahrerin Clärenore Stinnes, die in den 1920er Jahren als erste Frau die Welt mit einem Auto umrundete. Die etwa 48.000 Kilometer lange Tour führte durch 23 Länder. Zwar ist Stinnes mit ihrem „Adler Standard 6" auf viel schlechteren Straßen gefaren, aber sie war bei ihrem Abenteuer ungefehr 50 Jahre jünger als Heidi Hetzer.

Teste dich! – Fehlerschwerpunkte erkennen

1 **a** Finde die Fehler in den markierten Wörtern und korrigiere sie.

PUNKTE

Die Speed Sisters – der Traum von Freiheit

Die Speed Sisters, fünf palästinensische junge Frauen, sind als Autorenfahrerrinnen so bekannt geworden, dass man einen Film über sie gedreht hat. Zu ihren Schwierikkeiten, mit denen sie im täklichen Leben kempfen müssen, gehört u.a. die Überwindung zahlreicher Kontrollpunkte durch israelische Soldaten, die ein Palästinenser selpstverständlich heufig erlebt. Das lange Warten zermürpt Menschen und macht sie ungeduldik und wütent. Marah Zahalka, die schnellste der Speed Sisters, meint, dass es das Schlimmste ist, wenn die Menschen auf Grunt ihrer Situation aufhören zu träumen.

b Kreuze die Strategie an, gegen die im Textausschnitt zu Aufgabe 1 a nicht verstoßen wurde:

PUNKTE

Verlängern ☐   Zerlegen ☐   Ableiten ☐   Merken ☐

2 **a** Wie sind die hervorgehobenen Wörter in der Textfortsetzung richtig zu schreiben? Streiche die Fehlschreibung.

PUNKTE

Dass Maysoon Jayyusi dazu kam, Autorennen zu fahren, verdankt sie der Erfahrung des Wartens. Zweimal *täglich/teglich* musste sie auf ihrer 30 Kilometer langen Fahrt durch Kontrollpunkte, und das konnte manchmal Stunden dauern. „In der Schlange zu stehen und zu warten hat mich immer sehr *wütent/wütend* gemacht", sagt Jayyusi. „Als die Kontrolle dann *entlich/endlich* hinter mir *lak/lag*, *flog/flok* ich nur noch davon."
An einem Tag wartete der Chef vom palästinensischen Motorsportverband hinter ihr. Weil ihm ihr Fahrstil auffiel, *lut/lud* er sie zum Training ein. Sie konnte nun mit Männern trainieren, aber es ging nicht um pure Schnelligkeit, sondern um Geschick und *Wendigkeit/Wendikkeit*.

Für Wettbewerbe werden *kurzerhand/kurzerhant* Plätze *freigeräumt/freigereumt*, auf denen sonst Gemüse verkauft wird. Am Tag des Rennens *drengen/drängen* sich die Zuschauer auf den *Dächern/Dechern* der Markthallen. Natürlich stoßen die Frauen auch auf *Widerstand/Widerstant*. „Das ist *gefährlich/gefehrlich*, das ist nichts für Frauen." Solche Sprüche hört man als Frau oft *genuk/genug*. Aber die fünf Speed Sisters ließen die Leute reden und fuhren trotzdem. Und heute *gipt/gibt* es viele Männer, die die Frauen unterstützen. Während Maysoon davon *überzeugt/überzeukt* war, wegen ihres Hobby niemals heiraten zu wollen, ist sie jetzt mit einem Rennfahrer verheiratet, der nie auf die Idee käme, sie vom Fahren abzuhalten.

b Ordne die markierten Wörter in der richtigen Schreibweise der hilfreichen Strategie zu. Ergänze das Beweiswort.

PUNKTE

Verlängern: _____

_____

Zerlegen: _____

_____

Ableiten: _____

3 Prüfe deine Lösungen und die Punktzahl mit Hilfe des Lösungsheftes (▶ S. 24).

PUNKTE

Rechtschreibung verstehen – Regeln anwenden

Wiederholung: Doppelte Konsonanten – Achte auf die erste Silbe

Information	Regeln anwenden

- **Zweisilbige deutsche Wörter** werden **immer regelhaft** geschrieben, **wenn die erste Silbe geschlossen** ist. Das heißt, die erste Silbe endet mit einem **Konsonanten.** Dann stehen an der Silbengrenze immer zwei gleiche oder zwei verschiedene Konsonanten, z. B.: *der Wil le, wil der.*
- **Einsilber** muss man **zu Zweisilbern verlängern,** um zu erkennen, wie man sie richtig schreibt, z. B.: *die Welt – die Welten, der Wall – die Wälle.*
- **Zusammengesetzte Wörter** muss man **zerlegen** und dann **verlängern,** z. B.: *das Hals|tuch – die Hälse.*
- **Nicht verlängerbare** Einsilber sind **Merkwörter,** z. B.: *ihm, ihre, und.*

1
a Streiche aus der folgenden Liste die zweisilbigen Wörter, deren erste Silbe nicht geschlossen, also offen ist.
b Ordne die übrigen Wörter der richtigen Tabellenspalte zu.

steigen   kennen   leben   schenken   füttern   rasen   springen   tanzen   glänzen   klettern   kommen

Zwei verschiedene Konsonanten in der Wortmitte	Zwei gleiche Konsonanten in der Wortmitte

2
a Markiere die folgenden Einsilber, die man nicht verlängern kann und sich merken muss, mit Ⓜ.
b Trage die Einsilber, die man verlängern kann, richtig in die Tabelle aus Aufgabe 1 ein.

will   stärkt   bremst   und   kommt   hüpft   mir   dankt   hält   hallt   rollt   dir   von   ab

3
a Zerlege die folgenden zusammengesetzten Wörter. Entscheide, ob sie mit Doppelkonsonant zu schreiben sind.
b Schreibe die zweisilbigen Beweiswörter dazu, z. B.: *der Roll/koffer → denn: rollen, das Wild → denn wilder.*

l/ll: Ro__ladengurt → : _____   Kontro__licht → : _____   Fa__ttechnik → : _____

m/mm: Kle____brett → : _____   He____dkragen → : _____   La____fell → : _____

n/nn: Ri____sal → : _____   Ri____dfleisch → : _____   Si____frage → : _____

4
a Verlängere bzw. zerlege und verlängere die markierten Wörter und notiere die vier Beweiswörter.

Er rennt mit dem Rollkoffer die Straße entlang und hält erst wieder an der Kreuzung zur Waldstraße.

_____   _____   _____

b Schreibe einen eigenen Satz, in dem mindestens zwei Wörter verlängert bzw. zerlegt werden müssen.

_____ .

Wiederholung: Wörter mit *h* – Wenn die erste Silbe offen ist …

Information	Regel für Wörter mit *h*

- Das *h* kommt als **Besonderheit** vor, wenn **die erste Silbe offen** ist. Dabei unterscheidet man das **silbenöffnende *h*** und das **Dehnungs-*h***.
- Das **silbenöffnende *h*** öffnet die **zweite Silbe**, z.B.: *ge hen*. Im **Zweisilber hört** man dieses *h* deutlich.
- Das **Dehnungs-*h* gehört** dagegen zum lang gesprochenen **Vokal der ersten Silbe,** z.B.: *die Uhr, die Uh-ren.* Weil man es **nicht hörbar** machen kann, muss man sich diese Wörter **merken.**
- Die **Schreibung** mit *h* bleibt **in allen Wörtern der Wortfamilie erhalten.**

1 **a** Ergänze Reimwörter.

die Bahn die Mühlen wehen die Drohnen

der W_____ f_____ g_____ die B_____

der Z_____ w_____ st_____ w_____

b Markiere die Wörter, bei denen man das *h* auch im Zweisilber nicht hören kann, als Merkwörter mit .

c Streiche in den folgenden Aussagen das jeweils falsche Wort:

A Das silbenöffnende *h* gehört zur *zweiten/ersten* Silbe.   C Das Dehnungs-*h* kann man *nicht hören/hören.*

B Das Dehnungs-*h* gehört zur *ersten/zweiten* Silbe.   D Das silbenöffnende *h* trennt *zwei e/zwei verschiedene* Konsonanten.

2 **a** Markiere in den folgenden Wörtern das Merkwort mit Dehnungs-*h*.

b Ordne anschließend die Wörter nach ihrem Vokal in der ersten Silbe.

> die Ahnung   ehrenhaft   der Mühlstein   das Mahlergebnis   der Uhrmacher   der Kühlschrank   ohne
> der Wahnsinn   die Bohrinsel   die Bahngleise   ein Zehntel   die Wühlmaus   das Jahrtausend   mehrere
> die Fehlstunden   der Kohleofen   die Lehrmittel   das Weizenmehl   versöhnlich   der Rührlöffel   gefährlich

Wörter mit *ah/äh*: _____

Wörter mit *eh*: _____

Wörter mit *oh/öh*: _____

Wörter mit *uh/üh*: _____

3 Markiere in dem folgenden Text alle 15 Wörter mit Dehnungs-*h*.

Eine Weltreise mit dem Fahrrad wollte Felix Starck schon seit seinem 16. Lebensjahr machen. Als er genug Geld beisammen hatte, ging es im Juni 2013 gemeinsam mit einem Gefährten los. Der 23-Jährige

5 gab Job, Freunde und Wohnung auf und brach zu seiner Fahrt um die Welt auf. Die Tour sollte durch Asien, Neuseeland, Amerika und zurück nach Europa durch 22 Länder gehen. Doch sie wurde sehr viel beschwerlicher als erahnt. Sein Freund und er trenn-

10 ten sich bereits nach einem Monat, Felix Starck fuhr allein weiter. Überfallen oder bestohlen zu werden gehörte zu seinen täglichen Gefahren, mit denen er umgehen musste. Nur ein einziges Mal dachte er daran, aufzugeben. Doch er fühlte sich so sehr seinem Traum und Vorhaben verpflichtet, dass er nicht nach 15 Hause zurückkehrte, als er vom Tod seines Großvaters erfuhr. Mit seiner Kamera gelangen ihm wunderbare Aufnahmen, die er später zu einem Film über seine erstaunliche, 18 000 Kilometer lange Reise zusammenschnitt. 20

Wiederholung: *s, ß* oder *ss?* – Achte auf die erste Silbe

Information	Regeln für Wörter mit *s*-Laut

Für die Schreibung des *s*-Lautes gelten die Regeln für die Konsonantenverdoppelung:
- Ist die **erste Silbe geschlossen,**
- schreibt man **s,** wenn an der **Silbengrenze zwei verschiedene Konsonanten** stehen, z. B.: *die Leis te,*
- schreibt man **ss,** wenn an der **Silbengrenze nur ein s-Laut** steht, z. B.: *es sen.*
- Ist die **erste Silbe offen,**
- schreibt man **s,** wenn man den **s-Laut summend** spricht, z. B.: *ra sen,*
- schreibt man **ß,** wenn man den **s-Laut zischend** spricht, z. B.: *drau ßen.*
- Diese **Regeln gelten** auch, wenn sich die Schreibung **innerhalb einer Wortfamilie** ändert.

1 Ordne die folgenden Wörter mit *s*-Laut in der richtigen Tabellenspalte zu:

fassen äsen essen der Kasten Hänsel außen rasen heißen

Erste Silbe offen		Erste Silbe geschlossen	
s-Laut summend	*s*-Laut zischend	zwei gleiche Konsonanten	zwei verschiedene Konsonanten

2 *ss* oder *ß?* Beachte die Regeln für den *s*-Laut und ergänze die freie Spalte in der folgenden Tabelle:

Infinitiv	Präsens Singular	Präteritum Singular	zusammengesetztes Nomen
genießen	sie genießt	er genoss	die Genießerrunde/der Genussmensch
	sie	er fraß	der Fre____napf/der Hundefr_____
beißen	sie	er	die Bi____wunde/der Bei____ring
	sie	er	das Ma____band/die Me____latte
	es	es floss	die Flie____geschwindigkeit/ die Flu____breite
	sie	er	das Sicherheitsschlo____/ die Schlie____anlage

3 Der Buchstabe *ß* wird in Blockschrift *SS* geschrieben.
Schreibe nur die Wörter, die mit *ß* geschrieben werden, unten auf die Zeilen.

DER STRASSENBELAG · DIE FUSSBALLSCHUHE · DER SPASSFAKTOR · DER KUGELSTOSSER ·
DER BLUMENSTRAUSS · DIE GRUSSKARTE · EIN BISSCHEN · WÄSSRIG · ÄUSSERLICH ·
DIE FLUSSBREITE · DIE FLOSSGRÖSSE · DIE SCHIESSBUDE

Wiederholung: Fremdwörter mit *i*

Information	Regeln für Fremdwörter mit *i*

- Der *i*-Laut in mehrsilbigen Fremdwörtern wird **regelhaft** als *i* geschrieben, z. B.: *die Vi ta mi ne.*
- Eine **Ausnahme** bilden **Fremdwörter mit -ieren, - ier, -ie.** Die muss man sich merken, z. B.: *marschieren, vibrieren.*
- **Deutsche Zweisilber mit offener erster Silbe** (mit langem *i*) schreibt man **in der Regel mit ie,** z. B.: *die Bie ne, wie gen.*
- In **zweisilbigen Fremdwörtern** dagegen bleibt die Schreibung von *i* erhalten, z. B.: *das Ki no.* Dementsprechend zeigt die **Schreibung mit i** an, dass es sich um ein **Fremdwort** handelt. Diese Wörter muss man sich **merken.**

1 **a** Lies die folgenden Fremdwörter deutlich und markiere die Silben mit einem lang gesprochenen *i*.

> Zitrone   Apfelsine   Vitamine   Abitur   Fabrikat   Version

b Notiere eine sichere Regel für die Schreibung dieser Fremdwörter.

2 Ordnet die folgenden Wörter richtig in das Wortgitter ein:

Wortspeicher

kommandieren   trainieren   marschieren   annoncieren   adressieren   Allergie
Geometrie   Strategie   Therapie   Aristokratie   Pionier   Juwelier   Offizier   Grenadier

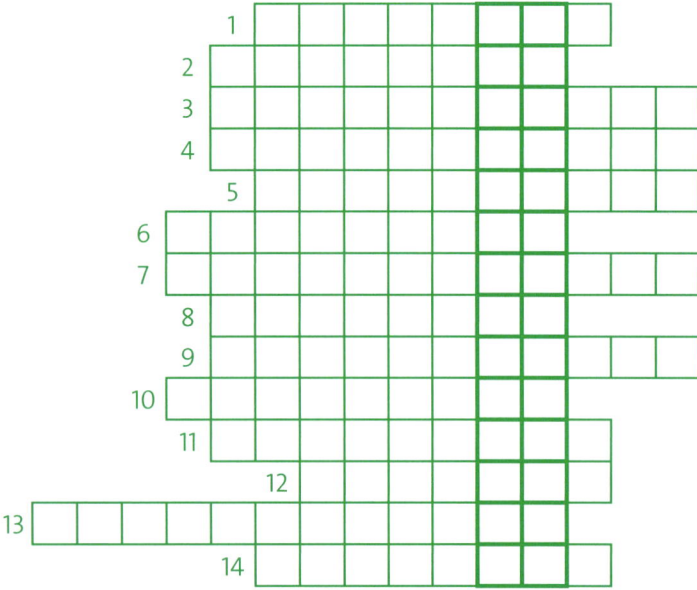

Die Wörter bedeuten:
1 Militärangehöriger
2 ärztliche Behandlung
3 eine Anschrift notieren
4 eine Zeitungsanzeige aufgeben
5 üben
6 die Anwendung eines Plans
7 befehligen
8 Überempfindlichkeit
9 Gangart (beim Militär)
10 Teilbereich der Mathematik
11 französischer Soldat
12 Wegbereiter, Vorreiter
13 Adelsgesellschaft
14 Schmuckhändler

3 **a** Markiere die Merkwörter in der Wortschlange.
b Bilde im Heft ein bis zwei Sätze, in denen möglichst viele Wörter aus der Wortschlange vorkommen.

KINOPRIMELBIBELFIBELFIGURGIGANTKILOBIBERBIGOSMIMIKMILANSPIONSPINATTIGER

Wiederholung: Fremdwörter mit *ph*, *th*, *y* und *v* richtig schreiben

| Information | Fremdwörter als Fachbegriffe und Lehnwörter |

- **Fremdwörter** sind Wörter, die wir **aus fremden Sprachen übernehmen.**
  Dabei behalten sie meist **ihre Aussprache und Schreibung bei.** Deshalb erkennt man sie an **typisch fremd-sprachlichen Buchstabengruppen,** die von der deutschen Rechtschreibung abweichen, z. B.: *Strophe, Theater, Asyl, vital.*
- Von **Lehnwörtern** spricht man, wenn **Fremdwörter in ihrer Schreibung und Lautung** den Regeln der **deut-schen Sprache angepasst** werden, z. B.: *lat. fenestra → Fenster.*
  Dann kann man sie als Fremdwörter oft nicht mehr erkennen.

1 **a** Streiche die Wörter aus der folgenden Liste, deren Schreibung sich nicht von der deutschen Rechtschreibung unterscheidet.

b Trage die Fremdwörter in die nachstehende Tabelle ein, die typische Merkmale von Fremdwörtern aufweisen.

Wortspeicher

Dativ Partizip Kommunikation Daktylus Akkusativ Medienwissenschaftler Alphabet Rhythmus
Adverb Trochäus Versmaß Metapher Infinitiv Physik

Fremdwörter mit *th*	Fremdwörter mit *ph*	Fremdwörter mit *y*	Fremdwörter mit *v*

2 **a** Ersetze die markierten Wörter in den Sätzen A bis G sinnvoll durch eines der folgenden Fremdwörter:
hydraulisch, recyceln, Thaiboxen, Zyklopen, Zylinder, Rhythmus, Phantombild.

b Markiere in den eingesetzten Fremdwörtern die Merkstelle.

A Im Sinne der Umwelt sollten wir möglichst viel Abfall wiederverwerten. _____

B Viele Bremsen und Pressen arbeiten mit Flüssigkeitsdruck. _____

C Das Mädchen nennt als Hobby eine asiatische Sportart. _____

D Die Sage handelt von einem einäugigen Riesen. _____

E Der einklappbare schwarze Hut ist heute nicht mehr modern. _____

F Die Polizisten erstellten ein nach Zeugenaussagen angefertigtes Bild. _____

G Herzen sollten in einem bestimmten gleichmäßigen Takt schlagen. _____

c Formuliere, wie es wirken kann, wenn du als Fachbegriff ein Fremdwort einsetzt.

_____

_____

Teste dich! – Strategien anwenden

1 a Ordne den Regeln auf den Karteikarten die markierten Wörter aus dem nachstehenden Text als Beispielwörter zu.

b Finde aus dem Text für jede Regelkarte ein weiteres Beispiel.

PUNKTE

Man schreibt zwei gleiche Doppelkonsonanten, wenn die erste Silbe geschlossen ist und nur ein Konsonant an der Silbengrenze steht.

Man schreibt nicht zwei gleiche Doppelkonsonanten, wenn die erste Silbe geschlossen ist und zwei verschiedene Konsonanten an der Silbengrenze stehen.

Das silbenöffnende h gehört zur zweiten Silbe im Wort. Man kann es hörbar machen, wenn man einen Einsilber verlängert.

Das Dehnungs-h gehört zum Vokal der ersten Silbe. Man kann es nicht hörbar machen.

Man schreibt den zischenden s-Laut als
ß, wenn die erste Silbe offen ist.
ss, wenn die erste Silbe geschlossen ist.

Den i-Laut schreibt man in Fremdwörtern als i. Die Nachsilben -ieren, und -ier muss man sich merken.

Mit dem Rhönrad von Aachen nach Teheran

Das Rhönrad ist ein bemerkenswertes Sportgerät, mit dem man
auffällt. Mit mehr als zwei Metern
Durchmesser ist es unübersehbar,
5 und mit mehr als 45 kg ist es auch
ziemlich schwer. Man sieht es auf
Bühnen und in Turnhallen, draußen allerdings nicht. Dieses Gerät
für Artisten beherrscht Shahin Sa-
10 datolhosseini, und er hat es sich
als Begleiter für eine ungewöhnli-
che Reise ausgesucht: Er will sich
ein Jahr Zeit nehmen für eine
Tour zur Völkerverständigung, bei
15 der er mit dem Rhönrad 7000 km
von Aachen bis nach Teheran zu-
rücklegt, dem Ort, in dem er geboren ist. Mit 14 Jahren kam er nach Deutschland, entdeckte dort das
Rhönradturnen für sich und möchte jetzt seine deut-
20 sche und iranische Identität zusammenbringen.
Für diesen Weg will er sich ein Jahr Zeit nehmen
und seine Erlebnisse und Begegnungen in einem
Buch und einem Film dokumentieren.
Das Rhönrad ist für ihn der perfekte Begleiter. Mehr
25 als 25 km kann er mit ihm pro Tag nicht zurückle-
gen, das entspricht dem Ziel der Langsamkeit. Das
Reisegepäck ist am Rhönrad festgeschnallt, sodass
es als Lastesel fungiert. Wenn Shahin Sadatolhossei-
ni nachts keine Unterkunft findet, kann er sein
Rhönrad von außen bedecken, sich darin wie in ein 30
Schneckenhaus zurückziehen und dort übernach-
ten. Meistens gelingt es ihm aber, privat von Menschen unterwegs eingeladen zu werden, denn er fällt
auf und ist kommunikativ. Und genau darum geht es
ihm bei seiner Reise. 35

---

2 Prüfe deine Lösungen und die Punktzahl mit Hilfe des Lösungsheftes (▶ S. 26).

GESAMT

Zusammen- und Getrennt-, Groß- und Kleinschreibung – Achte auf die Wortarten

Wiederholung:
Nomen und Nominalisierungen schreibt man groß (1)

Methode	Nomen durch Proben erkennen und großschreiben

Zur Bestimmung von Nomen kann man verschiedene Proben durchführen.
- Artikelprobe: Vor Nomen kann man einen Artikel setzen, z. B.: **der** Berg, **die** Blüten, **das** Tal.
  Artikel können sich „verstecken", z. B.: **am** (= an dem) Berg, **beim** (= bei dem) Klettern.
- Zählprobe: Nomen kann man zählen, z. B.: **zwei, drei, viele, einige, alle, keine** Achttausender.
- Adjektivprobe: Nomen kann man durch Adjektive näher beschreiben, z. B.: **gefährliche** Klettertouren.

1 a Unterstreiche die Nomen und Nominalisierungen in dem folgenden Text.
●○○ b Ordne sie in deinem Heft mit ihren Begleitern in eine Tabelle wie folgt richtig ein.

Das Bergsteigen hat auch heute noch nichts von seiner Faszination verloren. Das Klettern in einer geführten Gruppe ist zu einem Massensport geworden. Manche Menschen gehen dabei ein hohes Risiko ein.
Die Eiger-Nordwand ist schon viele Male durchklettert worden, obwohl sie vor 150 Jahren noch als nicht besteigbar galt. Edward Whymper war der Erste, der 1865 mit einer Seilschaft zusammen das Matterhorn erreichte. Heute ist das Besteigen des Matterhorns dank besserer Ausrüstung fast Alltag. Deshalb setzen sich heute viele Sportler zum Ziel, das Durchsteigen auf verschiedenste Arten zu erreichen. Die Extremsportler setzen sich immer neue Rekorde zum Ziel.

Nomen	Nominalisierungen
…	…

2 Trage ein: groß oder klein?
●○○

Dem Spitzenbergsteiger Dani Arnold gelang das *(erklettern)* _____ der Matterhorn-

Nordwand in weniger als zwei Stunden. Er hat das *(speedlaufen)* _____ auf Berge

trainiert und mit seinen Leistungen schon oft am *(machbaren)* _____ gerüttelt. An der

Matterhorn-Nordwand gelang ihm das *(unterbieten)* _____ des bestehenden Rekords

um fast 10 Minuten. Damit hat er etwas fast *(unmögliches)* _____ geschafft, denn für

trainierte Bergsteiger ist es etwas *(realistisches)* _____, für die Route 8 bis 10 Stunden

anzusetzen. Arnold findet: „Das *(einzige)* _____, was zählt, ist der Rhythmus." Arnold hält

jetzt den Rekord im *(ersteigen)* _____ der Eiger- und der Matterhorn-Nordwand und glaubt

das sei der Lohn dafür, dass er im Training *(vieles)* _____ richtig gemacht hat.

Wiederholung:
Nomen und Nominalisierungen schreibt man groß (2)

1 **a** Erkläre in deinem Heft, woran du die Nomen in den folgenden Sätzen erkennst.

Bergsteiger lieben sowohl die Natur als auch die sportliche Herausforderung. Der Weg auf den Gipfel lässt sie enorme Anstrengungen unternehmen. Um etwas Besonderes zu leisten, lassen sie sich immer neue Kriterien für Rekorde einfallen. Sie sind entweder die Jüngsten, die Ältesten, die Schnellsten oder benutzen eine Technik, die es vorher nicht gab.

2 **a** Markiere den Begleiter der vier markierten Wörter, der sie als Nomen ausweist.
 b Unterstreiche im Text darüber hinaus zwei Zahlwörter als Begleiter.
 c Umkreise vier Adjektive als Nomenbegleiter.

Der jüngste Bezwinger des Mount Everest

Einem 13-Jährigen aus den USA ist es als dem bisher Jüngsten gelungen, den höchsten Gipfel der Erde zu besteigen. Jordan Romero hat das Unglaubliche geschafft, nämlich den Rekord des bisherigen nepalesischen Rekordhalters zu brechen, der sich das Aufsteigen mit 16 Jahren zugetraut hatte. Begleitet wurde Jordan Romero von seinem Vater und seiner Stiefmutter sowie von einem der berühmtesten Sherpas. Die Route des Aufstiegs ist wegen häufiger Lawinen und starker Winde gefürchtet. Da die Behörden Nepals für den Aufstieg keine Genehmigung an unter 16-Jährige erteilen, stieg die Familie von der tibetischen Seite auf, die Romeros Vater als weniger gefährlich bezeichnete.

3 **a** Kennzeichne im Folgenden die Nomen und Nominalisierungen.

Während es viele anhänger des jungen abenteurers gibt, die ihm von herzen gratulieren, bekommt er auf seiner website aber auch kritik zu hören. Die kritiker halten ihn für zu jung für eine bergtour auf den 8848 meter hohen gipfel des himalaya. Die gefährlichkeit dieser tour wird alljährlich mit zahlreichen todesopfern mehr als deutlich. Für Romero ist die sache aber einfach: Er liebt das aufregende sowie ständige veränderungen und den aufenthalt in der natur. Dabei will er das gefährliche der kletterei gar nicht leugnen, aber er verlässt sich auf seine vorsicht. Als das schwierigste der tour bezeichnet er eine kletterpassage auf einem 30 cm breiten streifen in größter höhe, von dem aus die hänge zu beiden seiten steil herabfallen. Da habe er stur auf seinen vor ihm gehenden vater geschaut und alle schritte nachgemacht.

4 Formuliere die Sätze A bis B um, indem du die Verben nominalisierst.

A Jordan war durch seine Familie gewöhnt, im Urlaub herumzureisen.

→ Jordan war das _____.

B Für ihn war es normal, mit dem Mountainbike zu fahren, zu klettern und zu laufen.

→ Für ihn waren das _____.

Wiederholung:
Zeitangaben, Wochentage und Herkunftsnamen (1)

Information	Tageszeiten, Wochentage und Herkunftsnamen richtig schreiben

- Tageszeiten und Wochentage werden dann großschrieben, wenn sie einen Begleiter haben, z. B.: *eines* **A**bends, *heute* **A**bend.
- Ohne Begleiter und mit einem angehängten **s** schreibt man sie klein, z. B.: **m**orgen**s**, **m**ittag**s**, **a**bend**s**.
- **Geografische Herkunftsnamen** auf **-er** schreibt man **groß**, z. B.: *Köln**er** Altstadt, Thüring**er** Wurst*.
- **Geografische Herkunftsnamen** auf **-isch** schreibt man **klein,** wenn sie **nicht Teil des Eigennamens** sind, z. B.: *das **e**ngl**isch**e Wetter* – aber: *der Englische Garten (= Namen eines Münchner Parks)*.

1 Kreuze in A bis C die jeweils richtige Schreibweise an.
○○

A am frühen Morgen ☐   am frühen morgen ☐   morgens früh ☐   morgens in der Frühe ☐

B am Montag Morgen ☐   am Montag morgen ☐   am Montag morgens ☐   am Montag Morgens ☐

C des Sonntags morgens ☐   des sonntags morgens ☐   des Sonntags Morgens ☐   am Sonntagmorgen ☐

2 **a** Auf welchen Schildern sind dem Hersteller Fehler unterlaufen? Markiere sie.
●○○   **b** Schreibe die Sätze richtig auf.

Wir sind auch Sonntags für Sie da.	Am Donnerstag bleibt das Geschäft nachmittags geschlossen.	Von Montags bis Freitags geöffnet.	Wir haben morgens geschlossen und am nachmittag geöffnet.

_____

_____

3 Prüfe die Schreibweise der folgenden geografischen Herkunftsnamen und schreibe sie richtig auf.
●○○ **Tipp:** Nutze einen Atlas.

Wortspeicher

die afrikanische Steppenlandschaft   die große arabische Wüste   das arabische Meer   das alte Land
der australische Schild   die australische Platte   die australische Buschlandschaft
die alte Brücke in Heidelberg   die schweizer Alpen   die französischen Berge   die österreichischen Alpen

_____

_____

_____

Wiederholung:
Zeitangaben, Wochentage und Herkunftsnamen (2)

1 a Erläutere im Heft die Schreibung der markierten Zeit- und Wochentagangaben in den Sätzen A und B.
●●● b Unterstreiche im Satz oder Wort das, was dir bei der Erklärung der richtigen Schreibweise hilft.

A Am frühen Morgen schreibt man groß, früh morgens aber klein.

B Wir treffen uns am Dienstag, aber dienstags habe ich eigentlich keine Zeit.

2 a Entscheide, wie die hervorgehobenen Zeit- und
●●● Wochenangaben geschrieben werden.
Streiche die falschen Schreibweisen durch.

Ein Tag im Basislager

Damit die Bergsteiger, die den Himalaya besteigen wollen, sich an die extremen Höhenbedingungen gewöhnen, verbringen sie einige Zeit in einem Basislager. Es liegt meist zwischen 5000 und 6000 Meter Höhe. Die Versorgung übernehmen die Sherpas. Der Tag beginnt in der Regel am späteren *Morgen/morgen*, denn in der *Frühe/frühe* wäre es noch viel zu kalt. Sobald *morgens/Morgens* die Sonne aufgegangen ist, schmeckt das Frühstück. Erst wenn es am späteren *Vormittag/vormittag* wärmer geworden ist, kann man aufstehen und das Zelt verlassen. Erst dann kann man sich auch waschen: draußen in einem Kübel mit warmem Wasser. Nach dem *Frühstücken/frühstücken* kann man Kontakte knüpfen, bis es *Mittag/mittag* geworden ist. Ein Sherpa trommelt *mittags/Mittags* alle zum Essen zusammen, und den *Nachmittag/nachmittag* kann man sich mit eigenen Aktivitäten vertreiben, bevor es am frühen *Abend/abend* wieder etwas zu essen gibt. Ansonsten passiert abends nicht mehr viel: Man zieht sich am besten mit heißem Tee in sein Zelt zurück und versucht *Nachts/nachts* gut zu schlafen.

b Notiere für mindestens drei Zeitangaben aus dem Text eine andere Möglichkeit.

Z.6: am späteren Morgen → morgens

3 Welche der hervorgehobenen geografischen Namen muss man großschreiben? Schreibe sie richtig auf.
●●●

Während das *nepalesische himalayagebirge* nur für echte Profis zugänglich ist, gibt es in den *europäischen alpen* erreichbarere Berge. Allein in *osttirol* gibt es 266 Gipfel von über 3 000 Meter Höhe.
Von den *österreichischen Bergen* ist der *großglockner* der bekannteste. Er liegt im Nationalpark *hohe tau-* ern. Die *schobergruppe* allein hat 53 Dreitausender aufzuweisen. Dann gibt es natürlich auch noch Bergsteigerparadiese in den *schweizer Alpen* und den *französischen Alpengebieten*. Die *deutschen Alpen* sind dagegen vergleichsweise niedrig.

4 Warum schreibt man das „Bergische Land", aber die „bergischen Spezialitäten"? Erkläre.
●●●

Wiederholung:
Zusammen- und Getrenntschreibung von Verbindungen mit Verben

> **Information**   Getrennt- und Zusammenschreibungen bei Wortgruppen mit Verben
>
> - In der Regel schreibt man **Wortgruppen mit Verben getrennt**, wenn die Wörter ihre Bedeutung behalten.
> - **Zusammen** schreibt man aber solche **Verbindungen**, in denen **eine neue Bedeutung entsteht**.
>   Das sind Verbindungen
>   – aus **unveränderlichen Wörtern (Präpositionen und Adverbien) und Verb**, z.B.: *hinfallen, **aus**fallen,*
>   – Verbindungen aus einfachem **Adjektiv und Verb bei neuer Bedeutung**, z.B.:
>   *schwarzfahren* (= ohne gültigen Fahrschein fahren), *sich krankschreiben lassen.*
>   – Verbindungen, bei denen der erste Teil allein ungebräuchlich ist, z.B.: ***inne**halten,*
>   – **Nominalisierungen** von Verbgruppen, z.B.: *beim Fahrradfahren, zum Kaffeetrinken.*

1 a Markiere in den Sätzen A bis H die Verbindungen von Adjektiven und Verben.

A Wenn es glatt ist, kann man draußen <u>leicht fallen</u>.

B Wenn man dem Kind nur schwarze Farbe gibt, kann es sein Bild auch nur schwarz malen.

C Obwohl sie erkältet gewesen ist, hat sie die Arbeit krank geschrieben.

D Durch die abgedunkelte Brille kann man nur schwarz sehen.

E Das Kind wollte sein Bild unbedingt komplett blau machen.

F Bei klarem Himmel kann man den Mond am Abend sehr hell sehen.

G Der Verschluss wird nach der Reparatur hoffentlich jetzt endlich dicht halten.

H Wenn du in das Versteck passen willst, musst du dich krumm legen.

b Erkläre, warum die Verbindungen in den Sätzen A bis H getrennt geschrieben werden.

2 a Setze in die folgenden Sätze passende Verbindungen aus Aufgabe 1, sodass sie eine neue Bedeutung haben.
b Ordne den Verbindungen mit Hilfe des nebenstehenden Wortspeichers die Bedeutung zu, die sie erhalten.

Nur weil du schlechte Laune hast, musst du nicht alles _____.

Die Aufgabe sollte dir _____.

Wenn man nicht krank ist, sollte der Arzt einen auch nicht _____.

Montag ist der Tag, an dem viele gern _____.

Ich kann dir das nicht sagen, denn ich kann nicht _____.

Der Täter wollte unbedingt gegenüber der Polizei _____.

Du solltest für die Lösung des Problems nicht _____.

Für die Reise müssen wir uns _____.

> negativ sehen (2x)
>
> schwänzen
>
> einfach sein
>
> Arbeitsunfähigkeit bescheinigen
>
> nichts verraten
>
> einschränken/ sparen
>
> vorhersagen

3 Formuliere im Heft einen Satz, in dem eine Verbverbindung nominalisiert wird, z.B.: *einkaufen gehen.*

4 **a Entscheide, ob die folgenden Verbindungen getrennt oder zusammengeschrieben werden.** −/+

A auseinander/setzen: Störende Schüler kann der Lehrer _____,

aber mit dem Problem müssen sich die Schüler selbst _____.

B vorher/sagen: Wenn du keine Lust dazu hast, kannst du das _____,

aber ich kann deine Laune doch nicht _____.

C zusammen/halten: Nur wenn die Männer/Jungen _____,

können sie den schweren Gegenstand _____.

D zusammen/laufen: Wenn wir uns morgen treffen, können wir _____.

In der Hand des Teamchefs sollen die Fäden _____.

b Trage den Buchstaben des Satzes ein, in dem eine der folgenden neuen Bedeutungen vorkommt:

nicht sorgfältig anfertigen ☐   beschäftigen ☐   gemeinschaftlich arbeiten ☐

in die Zukunft sehen ☐   bündeln ☐   denken ☐

5 **a Ordne die folgenden festen Verbverbindungen richtig in das nachstehende Wortgitter ein:**

Wortspeicher

bloßstellen   innehalten   weissagen   widersprechen   weismachen   emporkommen
hocharbeiten   einknicken   vorangehen   vollstrecken   unterheben

Sie haben folgende Bedeutungen:
waagerecht: 1 durchführen 2 blamieren 3 vorsichtig einrühren 4 ausruhen/aufmerksam werden
5 nachgeben 6 etwas voraussagen 7 anlügen 8 dagegenreden 9 erfolgreich sein
10 sich eine bessere Position erarbeiten/Karriere machen
senkrecht: weiterkommen

b Formuliere einen Satz mit einer der Verbverbindungen aus dem Wortgitter.

_____

_____

Teste dich! – Getrennt-, Zusammen- und Großschreibung

1 **Entscheide, wie die Regeln A bis H richtig lauten müssen. Streiche das falsche Wort durch.**

A Verbindungen von Verben und Verben schreibt man in der Regel zusammen/getrennt.

B Verbindungen von Verben und Adjektiven schreibt man zusammen/getrennt, wenn sie eine neue Bedeutung eingehen.

C Nominalisierungen von Verbindungen mit Verben schreibt man zusammen/getrennt.

D Verbindungen von unveränderlichen Wörtern und Verben schreibt man zusammen/getrennt.

E Nomen und Nominalisierungen schreibt man klein/groß.

F Geografische Herkunftsnamen und Ableitungen auf -er schreibt man klein/groß.

G Geografische Herkunftsnamen mit -isch, die nicht Teil des Namens sind, schreibt man klein/groß.

H Tageszeiten schreibt man klein/groß, wenn sie Nomen sind.

2 **a** **Streiche in den Sätzen 1) bis 11) die falsche Schreibweise.**
b **Schreibe hinter den Satz den Buchstaben der zutreffenden Regel aus Aufgabe 1.**

1) Für die Briten war die *Besteigung/besteigung* des Mount Everest eine nationale Herausforderung. (___)

2) Von 1922 bis 1938 unternahmen sieben *englische/Englische* Expeditionen erfolglos eine Besteigung. (___)

3) Später versuchten auch andere Nationen, den „dritten Pol" der Erde als Erster zu erreichen, aber es waren die Briten, die das Ziel besonders *ehrgeizig verfolgten/ehrgeizigverfolgten*. (___)

4) 1952 bereiteten sie eine Expedition vor, die damals mit großem *aufwand/Aufwand* verbunden war. (___)

5) 350 Träger wurden gebraucht und Basislager *an gelegt/angelegt*. (___)

6) 1953 kam es zu einem dramatischen Wettlauf um die Erstbesteigung: Eine *Schweizer/schweizer* Gruppe musste 90 Meter unterhalb des Ziels umkehren, weil die Sauerstoffflaschen defekt waren. (___)

8) Damit war der Weg frei für Edmund Hillary und den Sherpa Tenzing Norgay. Am 28. Mai übernachteten sie im Lager auf 8500 Meter und mussten *feststellen/fest stellen*, dass für die dort hinterlegte Sauerstoffflasche ein Verbindungsteil fehlte. (___)

Sherpa Tensing und Edmund Hillary (1953)

9) Statt *umzukehren/um zu kehren*, rechnete Hillary aus, dass der Aufstieg gelingen konnte, wenn sie statt vier Litern Sauerstoff pro Minute nur drei *verbrauchen würden/verbrauchenwürden*. (___) und (___)

10) Nach einer eiskalten Nacht starteten sie gegen vier Uhr *morgens/Morgens*. Gegen 9 Uhr *am Vormittag/am vormittag* hatten sie es auf 8751 Meter geschafft. Und um 11:30 Uhr standen sie als erste Menschen auf dem 8848 Meter hohen Gipfel. (___) und (___)

11) 1975 dann, also 22 Jahre später, stand die erste Frau auf dem Gipfel des Mount Everest. Und 1980 schaffte Reinhold Messner das *Gipfelerstürmen/Gipfel erstürmen* im Alleingang und ohne Sauerstoff. (___)

3 **Prüfe deine Lösungen und die Punktzahl mit Hilfe des Lösungsheftes (▶ S. 28).**

Zeichensetzung – Kommaregeln

Wiederholung: Das Komma in Satzgefügen

Information   Kommasetzung in Satzgefügen

- **Satzgefüge** bestehen aus einem **Haupt- und** mindestens einen **Nebensatz. Man trennt** sie durch **Kommas.**
- **Nebensätze** können **vor** oder **nach** dem Hauptsatz stehen oder in ihn **eingefügt** sein. Sie werden durch eine **Konjunktion** (*weil, dass, wenn, …*) oder ein **Relativpronomen** (*der, die, das, …*) eingeleitet.

---

1 **a Setze in den folgenden Satzgefügen 1) bis 4) die fehlenden Kommas.**
   b Ordne diesen Satzgefügen den jeweils zutreffenden Buchstaben zu:

A = vorangestellter Nebensatz   B = nachgestellter Nebensatz   C = eingeschobener Nebensatz.

Der Traum vom Hochseil

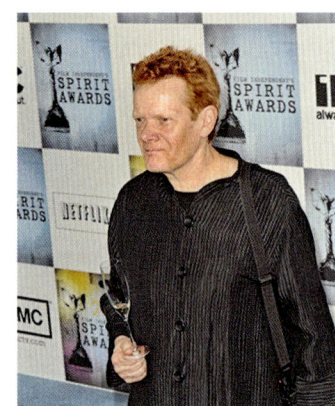

1) Philippe Petit ist der bekannteste Hochseilartist der Welt der in dem Film „Man On Wire" verewigt worden ist. ☐

2) Auf dem Seil das er in den frühen 1970er Jahren zwischen die Pfeiler der Kirchtürme von Notre-Dame in Paris gespannt hatte tanzte er während eines Gottesdienstes. ☐

3) Obwohl er keine Genehmigung hatte überquerte er auf seinem Seil auch die Brückenpfeiler am Hafen von Sydney. ☐

4) Am aufsehenerregendsten war allerdings seine Aktion bei der er die Türme des World Trade Centers in New York mit seinem Seil überspannte und dieses Seil insgesamt achtmal überquerte. ☐

2 **a Setze in die Lücken ein: *dass* oder *das*?**
   b Setze alle fehlenden Kommas.
   c Unterstreiche zur Prüfung die Hauptsätze und kreise die Konjunktionen und Relativpronomen ein.

Am Morgen des 7. August 1974 steigt Philippe Petite auf die Aussichtsplattform des World Trade Centers und greift das eine Ende eines Seils _____ mit einem Pfeil vom anderen Tower herübergeschossen worden ist. Weil er mit diesem Seil etwas ziemlich Gewagtes anstellen will muss er es unbedingt sicher anbringen. Als er es so befestigt hat _____ es 417 Meter über dem New Yorker Straßenpflaster hängt vollführt er ein atemberaubendes Kunststück: Er balanciert zwischen den beiden Türmen wobei er ganz auf sich gestellt ist. Geplant hat er _____ Vorhaben seit 1968 als er zum ersten Mal eine Zeichnung der beiden Türme sah die höher waren als der Eiffelturm. Die Durchführung war illegal weshalb er sie heimlich vorbereitete. Deshalb waren die New Yorker auch völlig überrascht so_____ Petite seine Zeit auf dem Seil hatte die er für seine Vorführung brauchte. Nachdem die Polizei sogar einen Hubschrauber eingesetzt hatte erreichten Polizisten _____ er _____ Seil verließ. Er wurde verhaftet erhielt später allerdings eine lebenslange Dauerkarte für den Besuch der Plattform des World Trade Centers.

Wiederholung: Zeichensetzung bei Zitaten

Information	Zeichensetzung bei Zitaten

- **Zitate** sind **wörtlich wiedergegebene Aussagen** oder **Textstellen**.
  Sie werden durch **Anführungszeichen** gekennzeichnet.
- **Innerhalb des Zitats** darf der **Wortlaut nicht verändert** werden.
  Lässt man einen Textteil aus, kennzeichnet man die **Auslassungen** so: **[...]** oder **(...)**.
- Nach einem **vorangestellten Begleitsatz** steht ein **Doppelpunkt**, z. B.: *Du sagst: „Das ist verrückt."*
- **Folgt der Begleitsatz** dem Zitat, wird er durch ein **Komma** abgetrennt. Den Punkt im Satz lässt man weg,
  z. B.: *„Ein Hochseilakt in großer Höhe ist äußerst gewagt", meint Felix.*
- Frage- oder Ausrufezeichen gehören zum Zitat und stehen innerhalb der Anführungszeichen.

1 **Setze die fehlenden Zeichen in den fünf Zitaten.**

Philippe Petit erzählt Ich war 16 oder 17, als ich lernte, wie man auf dem Drahtseil balanciert; ich brachte mir das selbst bei und fortan faszinierten mich außergewöhnliche Orte oder Gebäude. Es war, als würden sie nach mir rufen. Ich sah Notre Dame, die Sydney Harbour Bridge – und wusste: Ich will dort auftreten!

Und er fährt fort Und als ich das World Trade Center sah, die Türme, habe ich mich sofort in sie verliebt. Ich musste da hoch. Auf die Frage, ob er lebensmüde war, meint er Nein, im Gegenteil: Ich liebe das Leben, ich würde es niemals aufs Spiel setzen. Ich balanciere auf einem Drahtseil, weil ich etwas erleben möchte. Er erkennt aber an, dass sein Beruf ein Risiko birgt. Sicher, es gehört zum Beruf des Seiltänzers, dass ein falscher Schritt, eine unaufmerksame Sekunde das Aus bedeuten kann, aber das ist bei einem Torero nicht anders. Er weiß, dass viele Menschen denken, dass er verrückt sei, doch er meint Das bin ich nicht. Ich bereite meine Projekte sorgfältig vor, monatelang, wie ein Ingenieur. Ich habe das World Trade Center in- und auswendig studiert, um mein Leben zu schützen.

2 **Zitiere die drei markierten Textstellen oder wähle selbst drei Textstellen aus und setze die Satzzeichen.**

Philippe Petit: Ich habe verfolgt, wie die Türme gebaut wurden. Und dann flog ich nach New York: Auf den Dächern wurde noch gearbeitet, und ich habe mich als Maler getarnt, als Architekt ausgegeben oder als Journalist, am Eingang gefälschte Ausweise vorgezeigt und gesagt: Hallo, ich habe hier zu tun. Es war ziemlich einfach. Ich war häufig dort oben, um auszuloten, wie das mit dem Seil funktionieren konnte. Das größte Problem war: Wie bekomme ich das Seil auf den Südturm? Ein Seil, dick wie ein Daumen und nicht ganz leicht? Und wie konnte ich es stabilisieren? Schauen Sie sich den Film an, dann wissen Sie, wie es ging! [...] Die Polizisten sahen ziemlich wütend aus. Aber solange ich auf dem Seil war, konnten sie mir nichts anhaben. Ich wusste natürlich, dass die kommen, aber ich hatte nicht gedacht, dass sie mich so böse angucken würden.

Petit stellt fest _____

_____ *findet er.*

Und er fährt fort _____

_____ .

Der Apostroph

Information	Der Apostroph (das Auslassungszeichen)

- Ein **Apostroph muss** stehen:
  - beim **Genitiv von Namen**, die **auf s, ss, tz, z** und **x** enden, z. B.: *Lukas' Katze, Felix' Hut.*
  - bei **Auslassungen im Wortinneren,** z. B.: *D'dorf* für *Düsseldorf.*
- Ein **Apostroph** steht **nicht**:
  - bei **Präpositionen,** die **mit dem Artikel verschmolzen** sind, z. B.: *aufs, vorm, fürs.*
  - beim **Plural-s,** z. B.: die *CDs, die LKWs die PKWs.*
  - beim **Genitiv-s,** z. B.: *Lisas Meinung, Hamids Aufsatz.*
- Es darf bei Auslassungen stehen, um das **Mündliche** nachzuahmen, z. B: *Er hat's. → Er hat es.*

1 Ordne den markierten Schreibweisen in den Sätzen 1) bis 3) die zutreffende Regel zu:

A =   Genitiv von Namen, die auf s-Laut enden,   B Auslassungen,   C Genitiv-Schreibung.

1) In Hans' Blumenladen findet man immer frische Schnittblumen. ☐

2) M'gladbach ist besonders für seinen Fußballverein berühmt. ☐

3) Handys und Laptops schreibt man nicht mit Apostroph. ☐

2 Auf Schildern sieht man nicht selten Falschschreibungen mit Apostroph.
Streiche die Fehler in den Beispielen A bis G.

A Bitte hier keine *Auto's /Autos*, Roller, *Mofa's/Mofas* abstellen.

B Zur Verstärkung unseres *Teams/Team's* suchen wir *Azubi's/Azubis*.

C Wir reparieren Ihre *LKW's/LKWs* prompt und zuverlässig.

D *Sonntags/Sonntag's* besondere Frühstücksangebote!

E Freche Frisuren für Ihren Hund in *Lisa's/Lisas* Hundeschule!

F Rostbratwurst und *Pommes'/Pommes* nach *Opas/Opa's* Rezept!

G *Dienstags/Dienstag's* ist *Valentins'tag/Valentinstag*.

3 Formuliere einen Werbespruch, in dem ein Apostroph stehen muss, z. B. für ein Smartphone,
das alle haben sollten.

_____

_____

4 Mit den folgenden drei Regeln lassen sich die häufigsten Fehler mit Apostroph vermeiden.
Schreibe hinter jede Regel zwei Beispiele.

1 Im Deutschen hat der Genitiv kein Apostroph. _____

2 Im Deutschen bleibt der Plural ohne Apostroph. _____

3 Der Plural von Abkürzungen bleibt ohne Apostroph. _____

Teste dich! – Satzgefüge und Zitate

1 In einem Interview spricht Philippe Petite über seinen Hochseilakt zwischen den Türmen des World Trade Centers. Setze die fehlenden Zeichen bei den *markierten* Zitaten.

Das *künstlerische Verbrechen des Jahrhunderts* , wie der Hochseilakt zwischen den Twin Towers genannt wurde, hatte keine harten juristischen Folgen – doch für Petit fing ein neues Leben an. Fortan wurde er stets gefragt: *Warum? Warum haben Sie es getan?* Für den Artisten, der sich als Künstler begreift, ist das die Frage von Ahnungslosen. *Das ist ja das Schöne daran: Es gab für mich nie ein Warum* sagt er im Gespräch. *Es gab nur die Besessenheit, eine Vision zu* verwirklichen. Der Schriftsteller Paul Auster, der Petit in Frankreich traf, schrieb danach über diese Kunstform *Ihre Anziehungskraft besteht letztlich in ihrer völligen Zwecklosigkeit.*

So ist der Franzose auch nie ein Rekordjäger gewesen. Er meint *Mein Wunsch ist es nur, wunderschöne Orte in aller Welt zu erobern. Die müssen nicht besonders hoch oder majestätisch sein.*

2 **a** Setze in dem folgenden Text die fehlenden Kommas in den Satzgefügen und Satzreihen.
  b Unterstreiche die Kommas, die vor „und" stehen müssen.

Im August 1974 kam man noch mit Werkzeugen durch die Kontrollen wenn man auf dem John-F.-Kennedy-Flughafen in New York landete. Es war eine andere Zeit in der die Türme des World Trade Centers noch standen. Nachdem Philippe Petit 1968 in Paris den Entwurf der Türme gesehen hatte reifte sein Plan. „Wenn ich drei Orangen sehe muss ich jonglieren wenn ich zwei Türme sehe muss ich ein Seil spannen und tanzen" sagt der Artist. Während das Word Trade Center erbaut wurde übte Philippe Petit in Frankreich auf einer Wiese. Das Stahlseil das er spannte war mit 50 Metern so lang wie der Abstand zwischen Nord- und Südturm und weil so ein Seil auch ohne Tänzer tanzt da es in 417 Meter Höhe über New York zirpt und surrt und vibriert hängten sich auf der Trainingswiese in Frankreich Philippes Freunde ans Seil und wackelten und rissen und ahmten den Ernstfall nach. Später gab sich Petit als Journalist aus und ließ sich die Türme zeigen auf denen es heftig wehte. Normalerweise stabilisiert man ein Seil mit Verbindungen zur Erde aber das ging diesmal nicht. Also berechnete er vier Punkte auf den zwei Dächern um von dort aus das Seil mit Nebenseilen zu beruhigen. Dann kam der Ernstfall. Philippe Petit und seine Freunde gaben sich als Unternehmer aus die am Trade Center arbeiteten und versteckten sich auf der Baustelle. Am 7. August schossen sie das Seil von Turm zu Turm und dann balancierte Petit vom Nord- zum Südturm bis er von Polizisten vom Seil geholt und verhaftet wurde. Kaum jemand wusste etwas von seiner Aktion aber die New Yorker hatten 45 Minuten Zeit auf den verrückten Seiltänzer aufmerksam zu werden. Das reichte dafür dass sie sich für ihn einsetzten und vor schwerer Strafe bewahrten.

3 Prüfe deine Lösungen und die Punktzahl mit Hilfe des Lösungsheftes (▶ S. 29–30).

Ich teste meinen Lernstand

Mit den folgenden Tests kannst du feststellen, wie erfolgreich du im Fach Deutsch gelernt hast.
Du kannst mit den Tests prüfen,

- wie gut du **literarische Texte, Sachtexte und Grafiken lesen und verstehen** kannst (Test A),
- wie gut verständlich du **materialgestützt einen informierenden Text verfassen kannst** (Test B),
- wie sicher du in der **Grammatik** bist (Test C),
- welche **Rechtschreibstrategien** du beherrschst (Test D).

Wenn du wissen willst, was du im Fach Deutsch gelernt hast, kannst du alle
Tests am Ende des Schuljahres bearbeiten. Aber auch während des Schuljahres
kannst du prüfen, in welchen Bereichen du weiter üben musst. Plane feste Zeiten ein, um einen Test zu bearbeiten. Lies die Aufgaben genau, arbeite ruhig
und gründlich. Zum Schluss kannst du deine Lösungen mit Hilfe des Lösungsheftes selbst kontrollieren, deine Punktzahl berechnen und deine Fähigkeiten
bewerten.

Test A – Texte und Grafiken lesen und verstehen

Einen literarischen Text lesen und verstehen

Nadja Einzmann

Narzissen für den Tag (2001)

So, sagt sie sich, das war es, ein für alle Mal war es
das. Sie hat lange genug auf seinen Beistand gewartet und auf ein entgegenkommendes Wort. Auch sie
hat Gefühle und Gedanken, die mitgeteilt sein wollen. Aber davon will er nichts wissen. Sie hat ihm
lange genug zärtlich geschrieben, als sei er diese Investition wert, und in den Umschlag gepackt, was ihr
unter die Finger kam: einen Grashalm, der sich in
ihrem Schuh fand, nach dem Nachmittag in den
Wiesen; eine Skizze, sie könne nicht gut zeichnen,
aber: wisse er, was gemeint sei?
Narzissen hat sie ihm geschickt, die Knospen noch
geschlossen und unscheinbar in einer Papprolle,
dass sie aufblühen für ihn über Nacht, weil, es wird
eine harte Woche. Sicher, sie hätte sich kühler zeigen
sollen, und nicht, als hätte sie ihn nötig. Sich rarmachen, nicht immer nicken und nicken zu jedem Vorschlag und als hätte sie reichlich Zeit. Ob er sich
freue, wenn etwas ankomme von ihr, hat sie ihn gefragt. Natürlich freue er sich immer, und wenn sie
täglich schriebe, auch dann würde er sich freuen und
freuen. Nur bliebe ihm nicht viel Zeit zurückzuschreiben, das wisse sie ja.
Er ist vergesslich. Was sie ihm erzählt über sich,
weiß er die Woche darauf nicht mehr. Und er bringt
ihr Erdbeeren mit an einem Abend und ist sehr stolz
darauf und weiß nicht mehr, dass sie dagegen allergisch ist. Dabei hat sie ihm die Geschichte erzählt,
als sie fünfzehn war und Erdbeeren aß, bei ihrem
ersten Rendezvous[1], und dann war ihr die Zunge
ganz pelzig und wund und das Küssen war eine
Qual. Das hat sie ihm erzählt, als sie beisammen lagen, und er hielt sie um die Taille[2] gefasst und lachte,
und jetzt bringt er ihr Erdbeeren mit und weiß es
nicht mehr. Auch hat er vergessen, dass ihr der
Schweiß ausbricht, wenn sie länger als drei Stunden
im Theater sitzen muss und das Bühnenlicht so
weiß ist, dass die Gesichter der Schauspieler bleich
sind und wie tot. Er hat Theaterkarten dabei und ist
ratlos, als sie sich nicht freut, und steht da mit hängenden Armen. Er kann nichts dafür, sie versteht
das. Er hat eine Familie zu versorgen und einen Beruf, der ihn auffrisst, er schläft keine Nacht mehr als
fünf Stunden, und sein Sohn kriegt Zähne, und seine Frau will, dass er nach ihm schaut. Sie sieht die
Ringe unter seinen Augen, und wenn er lacht, ist es
ein trauriges Lachen. Auch er will etwas abhaben
vom Leben, wenigstens etwas, und dafür hat er sie.
Sie ist warm und zahm, und sehr, sehr verliebt. Dass
er sie nicht liebt, weiß sie, aber wenigstens tut es ihm
leid, und manchmal ist er zaghaft am Telefon und
schuldbewusst, dass sie ihn umarmen möchte.
Das ist kein Leben, nicht für eine Frau wie sie, und
heute hat sie es ihm gesagt. Sie geht die Straße ent-

55 lang, die Sonne scheint. Eine Telefonzelle[3] kommt in Sicht, und sie geht vorbei. Was wird er tun ohne sie? Leer wird sein Leben sein und voll von Menschen, denen er nichts bedeutet. Wird er auf sich Acht geben, wenn keiner mehr nach ihm sieht? Mager war er immer, und seine Anzüge flatterten ihm um die Hüften. Und traurige Augen hatte er. 60
Er wird sich eine andere suchen. Nicht daran denken! – Sie geht schneller. – Ja, das wird er.

1 das Rendezvous: Verabredung

2 die Taille: schmalste Stelle zwischen Hüfte und Brustkorb

3 Telefonzelle: Telefonkabine; Häuschen mit eingebautem Telefon

1 **a Kreuze die eine richtige Antwort an:** *In der Kurzgeschichte geht es um ...*

PUNKTE

A ☐ ... den Urlaub eines Paares.   B ☐ ... die gestörte Kommunikation zwischen einem Paar.

C ☐ ... die Trennung eines Paares.   D ☐ ... die erste Begegnung eines Paares.

b Kreuze die richtige Satzfortsetzung an: *Kommunikation zwischen Menschen oder Figuren geschieht ...*

☐ ... ausschließlich durch das, was sie jeweils sagen.

☐ ... lediglich durch den Austausch von vollständigen und verständlichen Sätzen.

☐ ... sowohl durch verbale als auch durch nonverbale Mitteilungen.

☐ ... nur über den Weg moderner Kommunikationsmedien.

2 **Prüfe die folgenden Aussagen zur Kurzgeschichte. Kreuze jeweils an, ob die Aussage richtig oder falsch ist.**

PUNKTE

	richtig	falsch
A Die Frau erinnert sich an positive und negative Situationen in der Beziehung zu dem Mann.	☐	☐
B Der Mann telefoniert lange mit der Frau und schreibt ihr lange Briefe.	☐	☐
C Die Frau hat eine Beziehung zu einem verheirateten Mann.	☐	☐
D Die Frau ist nicht bereit, sich in die Gedankenwelt des Mannes hineinzuversetzen.	☐	☐
E Der Mann fühlt sich missverstanden und wünscht sich die Trennung.	☐	☐
F Die Frau ärgert sich über die Unaufmerksamkeit und Oberflächlichkeit ihres Partners.	☐	☐

3 **Ordne die folgenden Aussagen zu Nadja Einzmanns Kurzgeschichte richtig zu. Nutze die passenden Satzverknüpfungen und ziehe Verbindungslinien.**

PUNKTE

A Auch an der nonverbalen Kommunikation des Mannes und der Frau wird deutlich,	*weil*	1 ...die Frau in der Vergangenheit viele Bemühungen unternommen hat, dem Mann ihre Liebe mitzuteilen.
B Der Mann hat die vielen kreativen Liebesbekundungen der Frau offensichtlich nicht wichtig genommen,	*obwohl*	2 ...sie sich voneinander entfremdet haben.
C Die Frau ist enttäuscht und möchte den Mann verlassen,	*dass*	3 ...der Mann nicht bereit ist, sich ernsthaft auf sie einzulassen.

4 **Begründe in deinem Heft, ob die folgende Einschätzung eines Schülers zur Kurzgeschichte zutreffend ist.**

PUNKTE

An vielen Stellen in Nadja Einzmanns Kurzgeschichte „Narzissen für den Tag" wird deutlich, dass die Frau versucht, mit dem Mann zu sprechen und ihre Gefühle auszudrücken. Der Mann jedoch versteht sie nicht, weil er nicht zuhört und sie ignoriert. Die misslungene Kommunikation führt schließlich zur Trennung.

Einen Sachtext lesen und verstehen

Wenn Männer nur noch schweigen

(Die Welt 2016)

Auch Männer können reden – allerdings oft nur über Themen wie Beruf, Hobby oder Wirtschaft. Männliche Sprachlosigkeit prägt hingegen viele Partnerschaften. Frauen wollen sich über ihre Ge-
5 fühle austauschen, viele Männer sind dazu nicht in der Lage. Doch mangelnde Kommunikation geht auf Dauer zu Lasten der Beziehung.
„Liebling, jetzt sag' du doch mal was dazu!", fordert die Frau ihren Mann auf. Doch der murmelt
10 „Mmmh", lehnt sich zurück und schweigt. „Er spricht nicht mehr mit mir" – eine Klage, die Ehebe-rater aus Hamburg schon von vielen Frauen gehört haben. „Wenn man nachfragt, wie lange die Sprach-losigkeit anhält, gibt es erschreckende Antworten.
15 Bisweilen geht es um Jahrzehnte."
Eine einseitige Kommunikation prägt viele Bezie-hungen, weiß auch Günther Bergmann, Diplom-Psychologe in Köln: „Nach der großen Verliebtheit ebbt im Laufe der Jahre die Bereitschaft zu intensi-
20 ven Gesprächen ab." Ein weit verbreitetes Phäno-men, trotz wissenschaftlichem Gegenbeweis: Laut einer Studie der University of Arizona sprechen Männer fast genauso viel wie Frauen. Zwei bis zehn Tage lang zeichneten die US-Wissenschaftler jedes
25 Wort der Probanden auf. Die Männer kamen im Durchschnitt auf 15 696 Wörter, lediglich 500 Wörter weniger als die Frauen. Doch wann reden Männer diese ganzen Wörter, mag sich so manche Frau fra-gen. „Männer können reden wie ein Buch, wenn es
30 um den Beruf, die Hobbys oder die Wirtschaftslage geht", erklärt Monika Barth, Kommunikationstraine-rin aus Worms.
Doch Frauen möchten mit ihrem Partner nicht nur über Sport und Finanzstrategien sprechen. „Frauen
35 sind sehr beziehungsbezogen und wollen sich über ihre Gefühle austauschen, dazu sind viele Männer nicht in der Lage", sagt Bergmann. Für Frauen ist es eine große Erleichterung, sich die eigenen Probleme von der Seele zu reden – auch ohne eine Lösung zu
40 finden. Männer hingegen machen ihre Probleme eher mit sich selbst aus und thematisieren diese nur

ungern. Die Gründe hierfür sieht Monika Barth in gesellschaftlichen Werten: „Auch heute steckt noch in vielen Köpfen, dass Männer, die über Gefühle re-den, schwach sind."
45 Damit die Beziehung nicht im Schweigen endet, sei die erste Regel, offen über die eigenen Bedürfnisse zu sprechen, sagt Bergmann. Wenn die Frau reden möchte, der Mann aber Zeit für sich braucht, muss er das sagen. Statt jeden Abend vor dem Fernseher
50 zu sitzen, sollten Paare Gelegenheiten für Gespräche schaffen.
Verschlüsselte Botschaften kommen beim Mann nicht an. „Männer müssen vor allen Dingen lernen, zwischen den Zeilen zu lesen und nachzufragen,
55 wenn sie sich nicht sicher sind, was die Partnerin meinte", rät Bergmann. „Frauen sagen häufig nicht direkt, was sie denken, das sorgt für Missverständ-nisse", ergänzt Barth. Frauen hingegen können nicht darauf vertrauen, dass ihre verschlüsselten Botschaf-
60 ten beim Mann ankommen. Anstatt zu sagen: „In der Stadt hat ein neues Lokal eröffnet", sollten sie ihren Wunsch direkt äußern: „Hast du Lust, mit mir in das neue Restaurant zu gehen?"
Wenn die Kommunikation erst falsch läuft, entsteht
65 schnell ein Teufelskreis: „Anstatt miteinander, reden Paare aneinander vorbei", beschreibt Barth das Pro-blem. Jeder fühlt sich missverstanden. Die Folge: Gemeinsame Gespräche reduzieren sich auf ein Mi-nimum.
70

---

5 **Lies den Text und kreuze die richtige Antwort an.**
In dem Artikel „Wenn Männer nur noch schweigen" geht es um ...

PUNKTE

A ☐ ... das ungerechte Miteinander von Männern und Frauen in Gesprächsrunden.

B ☐ ... die Auswirkungen einer mangelnden Kommunikation auf das Zusammenleben von Mann und Frau.

C ☐ ... Unterschiede geschlechtsspezifischer Gesprächsthemen und deren internationale Bedeutung.

6 Prüfe die Aussagen zum Text auf S. 90. Kreuze für jede der Aussagen an, ob sie richtig oder falsch ist.

PUNKTE

		richtig	falsch
A	Themen wie Beruf, Hobby oder Wirtschaft sind besonders bei Frauen beliebt.	☐	☐
B	Sprachlos sind viele Männern besonders bei Gefühlsfragen.	☐	☐
C	Wird die Kommunikation zwischen Mann und Frau einseitig, ist die Beziehung bedroht.	☐	☐
D	Männer sprechen im Durchschnitt 500 Wörter mehr als Frauen in der gleichen Zeit.	☐	☐
E	Männer machen häufig ihre Probleme mit sich selbst aus und reden sie sich nicht von der Seele.	☐	☐
F	In der Beziehung muss genügend Zeit für die Kommunikation untereinander gegeben sein.	☐	☐
G	Männer müssen lernen, auch zwischen den Zeilen zu „hören" und zu lesen.	☐	☐
H	Frauen sollten ihre Botschaften weiter verschlüsseln, um sich für den Mann interessanter zu machen.	☐	☐

7 Fülle die Lücken des folgenden Textes mit passenden Begriffen aus dem Wortspeicher.

PUNKTE

Wortspeicher

Teufelskreis   verschlüsselt   Gelegenheiten   Störungen   indirekt   Werte
fehlgesteuerten   Kommunikation   besonderen   Missverständnissen

Bei Paaren ist häufig zu beobachten, dass die _____ mit dem Partner einseitig

ausgerichtet ist. Sowohl Männer als auch Frauen haben ihre _____ Themen, über

die sie sprechen wollen. _____ zur gemeinsamen Kommunikation stellen z. B.

bestehende gesellschaftliche _____ dar. Es kann jedoch zu _____

in der gemeinsamen Kommunikation kommen, wenn die Aussagen _____

oder _____ formuliert werden. Schließlich hilft es, sich mögliche

_____ bewusst zu machen, um dem _____

einer _____ Kommunikation zu entgehen.

8 Notiere mindestens zwei Textstellen aus dem Sachtext (▶ S. 90), die sich auf Einzmanns Kurzgeschichte (▶ S. 88–89) beziehen lassen. Notiere Stichworte und gib aus beiden Texten die jeweiligen Zeilen an.

PUNKTE

Sachtext	Kurzgeschichte

Eine Grafik lesen und verstehen

9 Das folgende Balkendiagramm zeigt, wie Männer und Frauen jeweils wahrnehmen, wer auf welche Weise bei Gesprächen die Oberhand hat bzw. es wie beherrscht (dominiert). Lies die Grafik Zeile für Zeile. Schreibe im Heft für jede Sicht mindestens einen Vergleich wie folgt auf, z. B.:

31 Prozent der Männer meinen, dass Frauen besser zuhören können als Männer.
Dagegen stimmen 54 Prozent der Frauen dieser Aussage zu.

Gesprächsverhalten von Männern und Frauen:
Unterschiedliche Wahrnehmung der Gesprächsdominanz

Aus Sicht von –

	Das findet man eher bei Frauen	Da gibt es keinen Unterschied	Das findet man eher bei Männern

Zurückhaltend sein, eher andere reden lassen
M 33 % | 38 % | 28 %
F 48 % | 34 % | 17 %

Zuhören können
M 31 % | 45 % | 24 %
F 54 % | 34 % | 8 %

Sich zu Dingen äußern, die einen nichts angehen, z. B. ungefragt Ratschläge erteilen
M 45 % | 43 % | 11 %
F 25 % | 54 % | 19 %

Viel über sich selbst reden, gern im Mittelpunkt stehen
M 21 % | 47 % | 23 %
F 15 % | 25 % | 60 %

10 Kreuze für jede der folgenden Aussagen A bis F an, ob sie richtig oder falsch ist.

richtig falsch

A Männer denken, Frauen und Männer seien ähnlich zurückhaltend. ☐ ☐

B Die meisten Frauen sind der Ansicht, dass Männer gern im Mittelpunkt stehen. ☐ ☐

C Viele Frauen meinen, dass Männer gern ungefragt Ratschläge erteilen. ☐ ☐

D 91 % der Frauen sind davon überzeugt, dass Männer die besseren Zuhörer sind. ☐ ☐

11 Notiere in der folgenden Tabelle mindestens zwei Aussagen aus der Grafik, die sich auch auf Inhalte des Sachtextes (▶ S. 90) und auf Einzmanns Kurzgeschichte (▶ S. 88–89) beziehen lassen.

Aussage der Grafik	Bezug zur Kurzgeschichte	Bezug zum Sachtext

12 Prüfe deine Lösungen mit Hilfe des Lösungsheftes (▶ S. 30–31). Trage die Punkte neben die Aufgabe ein. Übe erneut die Aufgaben, bei denen du keine oder nur wenige Punkte erreicht hast.

Test B – Materialgestützt einen informierenden Text verfassen

1 Verfasse für deine Mitschüler mit Hilfe der folgenden Materialien M 1 bis M 4 einen informierenden Text zum Thema „Nonverbale Kommunikation in Vorstellungsgesprächen". Schreibe in dein Heft.
– Stelle dar, was nonverbale Kommunikation ist.
– Erkläre die Wirkung nonverbaler Signale in kommunikativen Situationen.
– Formuliere abschließend eine Empfehlung für Vorstellungsgespräche.

PUNKTE

M 1   Dirk Eilert

Das sagt die Körpersprache der Mächtigen (2014)

Macht und Stärke werden vor allem über die Mimik[1] und Körpersprache ausgedrückt. Die übliche und hochentwickelte Nutzung von Sprache lässt uns oft vergessen, wo unsere entwicklungsgeschichtlichen
5 Wurzeln liegen. Die ausgebildete Sprachfähigkeit gibt es nach wissenschaftlichen Schätzungen erst 35 000 Jahre, die deutsche Sprache gar erst knapp 1 200 Jahre. Die stille Sprache von Mimik und Körper gibt es hingegen seit Menschengedenken.

Sie hat damit einen Vorsprung von mehreren Millio- 10 nen Jahren gegenüber dem gesprochenen Wort. Entsprechend groß ist noch heute die Wirkung dieser stillen Sprache auf unsere Gefühle und Beziehungen. Die vielen, meist sehr feinen nonverbalen Signale, die wir tagein, tagaus senden, formen und prä- 15 gen die Wirkung, die wir auf andere Menschen haben – meist unbemerkt.

1   die Mimik: das Mienenspiel, der Gesichtsausdruck

M 2 Einfluss der nonverbalen Kommunikation auf die Glaubwürdigkeit

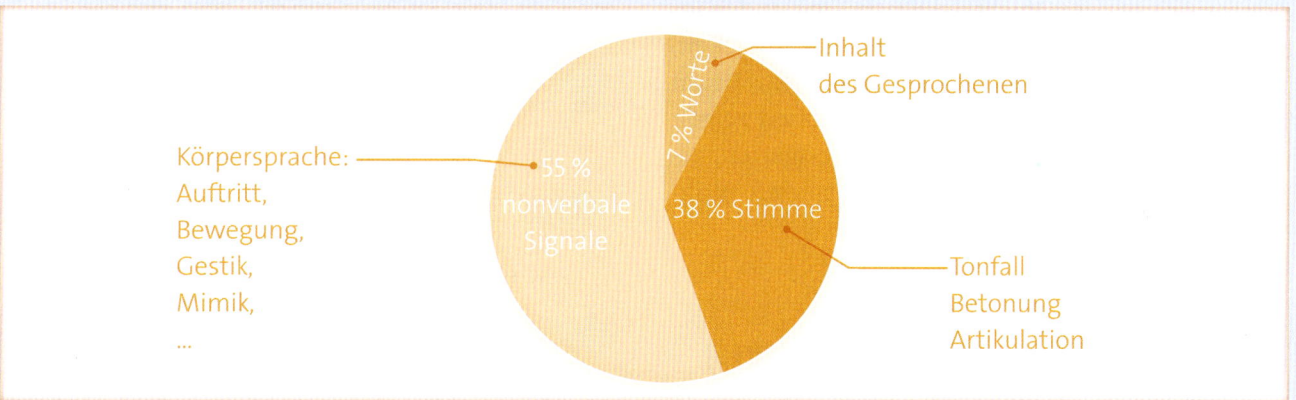

Körpersprache:
Auftritt,
Bewegung,
Gestik,
Mimik,
…

55 % nonverbale Signale

7 % Worte

38 % Stimme

Inhalt des Gesprochenen

Tonfall
Betonung
Artikulation

M 3   Birgit Schönberger

Körpersprache (2014)

„Die meisten Menschen sind überrascht, wenn sie sich auf einem Video sehen", sagt die Psychologin Monika Matschnig, die sich auf Körpersprache spezialisiert hat. „Vielen wird zum ersten Mal bewusst,
5 dass sie die Schultern nach vorne fallenlassen, ständig die Brille hochschieben, sich hektisch am Arm reiben oder gar nicht gestikulieren und dadurch sehr gehemmt wirken." Ob in der Schule, im Büro, bei der Geburtstagsfeier, beim ersten Date, im Mitarbei-
10 tergespräch oder bei einer öffentlichen Präsentation, unser Körper spricht immer, auch wenn wir schweigen.

„Der Körper ist der Übersetzer der Seele ins Sichtbare." Was Christian Morgenstern[1] poetisch ausgedrückt hat, übersetzt Monika Matschnig in Business- 15 sprache[2]. „Die Körpersprache ist unsere persönliche Visitenkarte." Der Körper verrät mehr über die Persönlichkeit als tausend Worte.
Zwar schöpfen alle Menschen aus denselben Möglichkeiten an Signalen, Gesten und Mimik, dennoch 20 spricht jeder Körper seine eigene unverwechselbare Sprache. Die Festigkeit des Händedrucks, die Haltung, aufrecht oder gebeugt, die Atmung, regelmäßig oder hektisch, tief oder flach, die Art der Bewe-

25 gung, eckig, fließend, energiegeladen oder langsam, erzählen etwas von biografischen Prägungen, vergangenen Erfahrungen, Konflikten, Begegnungen und Überlebensstrategien.

Doch wenn Körpersprache größtenteils unbewusst
30 funktioniert, ist es dann überhaupt möglich, sie gezielt zu beeinflussen? Monika Matschnig unterscheidet zwischen bewussten und unbewussten Aspekten. An Haltung, Stand und Mimik könne man gut arbeiten. Schwierig bis unmöglich sei es, vegetati-
35 ve[3]Reaktionen wie einen erhöhten Lidschlag oder vergrößerte Pupillen zu kontrollieren, ebenso unbewusste Verlegenheitsgesten wie das Reiben im Nacken oder am Ohrläppchen und kleine Veränderungen im Gesicht, die Angst, Überraschung, Zorn,
40 Freude oder andere Gefühle ausdrücken.

Um sich abzugrenzen, sei eine klare Körpersprache deutlich wirkungsvoller als der Satz: „Das ist mir jetzt zu viel." Vor allem Frauen, glaubt Monika Matschnig, müssen sich ihre Stärken viel mehr be-
45 wusstmachen und sie auch körpersprachlich ausdrücken. Sie beobachtet, dass sich die meisten Frauen immer noch schwertun, den Raum einzunehmen, der ihnen zusteht, und sich bei Geschäftstreffen zu behaupten. Die Ansicht, wonach Männer mit raum-
50 greifenden Gesten ihr Gebiet abstecken und durch breitbeiniges Sitzen Macht demonstrieren und Frauen sich durch mädchenhafte Gesten kleinmachen, sich weniger ausbreiten und anderen mehr Raum lassen, sind weiterhin aktuell. „Viele Frauen zeigen
55 immer noch unbewusst Unterwerfungsgesten, legen den Kopf schief, lächeln ständig, spielen an ih-

ren Haaren herum, senken den Blick und schauen ihr Gegenüber aus dem Wimpernkranz heraus an."
Doch nicht nur Unterwürfigkeit ist oft ein Hindernis – zu viel Dominanzgehabe ist ebenfalls gefähr-
60 lich. Männer können sich selbst aus dem Rennen werfen durch einen dominierenden Handschlag, der die Hand des Gegenübers nach unten zwingt. Oder indem sie sich im Vorstellungsgespräch zurücklehnen, die Hände hinter dem Kopf verschränken und
65 unbewusst eine Chefposition einnehmen oder mit dem Finger oder Stift auf ihr Gegenüber zeigen, was dominant und unsympathisch wirkt. Und wer den Blick aufdringlich durch das Chefzimmer schweifen lässt, wirkt nicht vertrauenserweckend.
70 Auch wenn es bei der Deutung von Körpersprache trotz eindeutiger Empfehlungen reichlich Interpretationsspielraum gibt, in einem Punkt sind sich alle Experten einig: Wenn die körpersprachlichen Signale nicht zu den gesprochenen Worten passen, schafft
75 das Verwirrung und wirkt unglaubwürdig. Deshalb achten erfahrene Mitarbeiter einer Personalabteilung in Auswahlgesprächen auf Zeichen, wo Aussagen und Verhaltensweisen nicht zusammenpassen. Bewerber, die ihre Leistungen schönfärben oder Er-
80 fahrungen vortäuschen, verraten sich oft durch kleine Gesten oder Reaktionen im Gesicht – eine Berührung am Hals, ein Stirnrunzeln oder rote Flecken.

1 Christian Morgenstern: deutscher Dichter (1871–1914)

2 Businesssprache: Sprache, die man in der Wirtschaft bzw. in Firmen spricht

3 vegetativ: unbewusst, unwillkürlich

M 4 Antonia Roch

Nach dem Stottern … geht es weiter (2015)

Dass neben gutem verbalem Ausdruck auch nonverbale Kommunikation in Form von Gestik, Mimik und Stimme den Erfolg von Gesprächen mitbestimmt, ist unstrittig. Wesentlich ist dabei vor allem,
5 dass es zwischen beiden Ebenen keinen Widerspruch gibt. Wenn ein Bewerber sagt: „Ich fühle mich in Ihrem Unternehmen sehr wohl", während seine Mimik, Gestik und Stimmlage eher das Gegenteil zum Ausdruck bringen, überlagert das weitge-
10 hend den Inhalt des Gesagten.

Eine Untersuchung der Universität Darmstadt belegt zudem: Die äußere Erscheinung, das Auftreten und eine natürliche Souveränität[4] sind wichtiger als die Zeugnisse des Bewerbers. Verallgemeinern las-
15 sen sich diese Ergebnisse allerdings nicht – was Selbstpräsentation angeht, gelten für einen Elektromechaniker wohl andere Anforderungen als für einen Versicherungsberater. Am besten aber zeigt sich jeder so, wie er ist.

4 Souveränität: hier „selbstbewusstes Auftreten"

2 Prüfe deine Lösung mit Hilfe des Lösungsheftes (▶ S. 31). Trage die Punkte neben die Aufgabe ein.

GESAMT

Test C – Grammatik

1 **a Unterstreiche in dem Auszug aus „Narzissen für den Tag" (▶ S. 88 f.) die anderen Konjunktivformen.** `PUNKTE`

„Sie hat ihm lange genug zärtlich geschrieben, als <u>sei</u> er diese Investition wert, und in den Umschlag

gepackt, was ihr unter die Finger kam: einen Grashalm, der sich in ihrem Schuh fand, nach dem

Nachmittag in den Wiesen; eine Skizze, sie könne nicht gut zeichnen, aber: wisse er, was gemeint sei?"

b Welche der folgenden Aussagen trifft zu? Kreuze an.

Der Konjunktiv steht hier, weil die Erzählerin …

A ☐ … von Selbstzweifeln gezeichnet und unsicher ist. B ☐ … die Erzählerin den Inhalt des Briefes wiedergibt.

C ☐ … höflich formulieren möchte. D ☐ … ihre Gedanken nicht mehr gut ordnen kann.

2 **a Unterstreiche die folgenden Nebensätze aus „Narzissen für den Tag" (▶ S. 88 f.)** `PUNKTE`
b Entscheide, ob es sich um Objektsätze oder Subjektsätze handelt.

A „Ob er sich freue, wenn etwas ankomme von ihr, hat sie ihn gefragt." → *Es ist ein* _____.

B „Was sie ihm erzählt über sich, weiß er die Woche darauf nicht mehr." → *Es ist ein* _____.

3 **Bestimme den Satzaufbau (Hauptsatz + Nebensatz) in den folgenden Sätzen. Zeichne den Satzbauplan.** `PUNKTE`

A „Auch heute steckt noch in vielen Köpfen, dass Männer, die über Gefühle reden, schwach sind."

_____

_____

B „Frauen sagen häufig nicht direkt, was sie denken, das sorgt für Missverständnisse."

_____

_____

4 **Wandle Satz A aus Aufgabe 3 in die indirekte Rede um.** `PUNKTE`
Verwende wenn möglich den Konjunktiv I (ersatzweise den Konjunktiv II oder die würde-Ersatzform).

Satz A: *Auch heute stecke noch* _____

_____.

5 **Markiere in den beiden folgenden Sätzen die Adverbialsätze und bestimme sie (z .B. Kausalsatz, …).** `PUNKTE`

A „Damit die Beziehung nicht im Schweigen endet, sei die erste Regel, offen über die eigenen Bedürfnisse

zu sprechen, sagt Bergmann." (Art des Adverbialsatzes: _____)

B „Wenn die Kommunikation erst falsch läuft, entsteht schnell ein Teufelskreis." (_____)

6 **Prüfe deine Lösungen mit Hilfe des Lösungsheftes (▶ S. 31). Trage die Punkte neben die Aufgabe ein.** `PUNKTE`
Übe erneut die Aufgaben, bei denen du keine oder nur wenige Punkte erreicht hast.

Test D – Rechtschreibung

1 Finde in den beiden ersten Absätzen der Kurzgeschichte „Narzissen für einen Tag" (▶ S. 88 f.) für jede Strategie zwei Wortbeispiele. Schreibe in die folgende Tabelle:

PUNKTE ☐

Verlängern	Ableiten	Merken

2 a Erkläre die Schreibung der *markierten* Buchstaben durch ein Beweiswort.
b Benenne die Strategie, die du angewendet hast.

PUNKTE ☐

Pa**pp**rolle → _____   tä**g**lich → _____   Strategie = _____

3 a Finde im dritten Absatz der Kurzgeschichte „Narzissen für einen Tag" (▶ S. 88) je zwei Wörter mit *ss* und *ß*.

PUNKTE ☐

ss: _____ _____   *ß:* _____

b Wie müssen die beiden Regeln A und B richtig lauten? Streiche die jeweils nicht zutreffenden Wörter.

A *ss* schreibt man, wenn die erste Silbe *offen/geschlossen* ist.
B *ß* schreibt man, wenn die erste Silbe *offen/geschlossen* ist

4 Schreibe den ersten Satz der Kurzgeschichte (▶ S. 88, Z. 1–2) mit den richtigen Satzzeichen so als Zitat auf, dass du dadurch kenntlich machst, was die Figur denkt.

PUNKTE ☐

_____

_____

5 Im vorletzten Absatz der Kurzgeschichte (▶ S. 88, Z. 30 ff.) steht öfter vor *und* ein Komma. Kreuze im Folgenden die richtigen Aussagen zu dieser Kommasetzung an.

PUNKTE ☐

A Bei den Sätzen handelt es sich um Satzgefüge. ☐

B Bei den Sätzen handelt es sich um Satzreihen. ☐

C Das Komma muss stehen, weil *und* einen Hauptsatz einleitet. ☐

D Das Komma kann vor *und* stehen, muss es aber nicht. ☐

6 Formuliere den ersten Satz des vorletzten Abschnitts (▶ S. 88, Z. 53–54: „Das ist kein Leben ...") zu einem Satzgefüge um. Beachte die Kommasetzung.

PUNKTE ☐

Heute hat sie ihm _____

_____ .

7 Prüfe deine Lösungen mit Hilfe des Lösungsheftes (▶ S. 32). Trage die Punkte neben die Aufgabe ein. Übe erneut die Aufgaben, bei denen du keine oder nur wenige Punkte erreicht hast.

GESAMT ☐